人間
遊戲

GAMES PEOPLE PLAY

溝通分析心理學創始人

艾瑞克・伯恩——著

高雄醫學大學心理系助理教授 張娟鳳——審定

劉玎——譯

小樹文化
Little Trees

人間
遊戲
GAMES PEOPLE PLAY

作者：艾瑞克‧伯恩（Eric Berne）｜譯者：劉玎｜
繁體中文版審定：張娟鳳
總編輯：張瑩瑩｜責任編輯：謝怡文｜校對：林昌榮｜封面設計：萬勝安
內文排版：洪素貞｜出版：小樹文化股份有限公司

發　　　行：遠足文化事業股份有限公司（讀書共和國出版集團）
　　　　　　地址：231新北市新店區民權路108-2號9樓
　　　　　　電話：（02）2218-1417 傳真：（02）8667-1065
　　　　　　客服專線：0800-221029
　　　　　　電子信箱：service@bookrep.com.tw
　　　　　　郵撥帳號：19504465遠足文化事業股份有限公司
　　　　　　團體訂購另有優惠，請洽業務部：（02）2218-1417分機1124

法律顧問：華洋法律事務所 蘇文生律師
出版日期：2021年9月1日初版
　　　　　2023年10月13日初版4刷

ISBN 978-957-0487-67-1（平裝）
ISBN 978-957-0487-68-8 (EPUB)
ISBN 978-957-0487-66-4 (PDF)

國家圖書館出版品預行編目資料

人間遊戲：拆解日常生活每一個互動、每一段對話中
的真實密碼/艾瑞克‧伯恩(Eric Berne)著；劉玎譯--
初版--新北市；小樹文化股份有限公司出版；遠足文
化事業股份有限公司發行，2021.09
面；公分--（溝通分析心理學經典：1）
譯自：Games people play: the psychology of human
relationships
ISBN 978-957-0487-67-1(平裝)
1.人際傳播 2.人際關係

177.1　　　　　　　　　　　　　　110012393

《人間遊戲》中文譯稿 © 2016/12
艾瑞克‧伯恩（Eric Berne）/著，劉玎/譯
繁體中文譯稿經由北京萬千新文化傳媒有限公司授權
小樹文化股份有限公司 在台灣地區出版，在全球獨家發行
First Published in 1964 in English under the title *Games People Play*

小樹文化　小樹文化
官網　　　讀者回函

不羨高手，心理遊戲的無盡輾壓；
追求平手，我好你好的金牌人生

文／黃珮瑛（諮商心理師、溝通分析預備教師和督導）

記於東奧閉幕、滂沱雨夜

　　手中翻閱著《人間遊戲》（*Games People Play*）的稿件，眼睛卻離不開螢幕上正在轉播的另一場「Games」，就是千萬人矚目、四年一度的體育大事──2020東京奧運（Olympic Games）！是的，正是這場在起伏不定的新冠疫情威脅下延到2021年才舉行的奧運盛會。兩百零六個國家、成千上萬位運動員及各類相關人員，付出無比的努力，加上東道主日本嚴謹周全的預備，才能讓精彩的比賽呈現在世人眼前。從「溝通分析理論」（Transactional Analysis，縮寫TA）裡「時間結構」的概念來看，整個奧運盛會像是個千萬人參與的超大「活動」，與這本溝通分析創始者艾瑞克・伯恩（Eric Berne）的名著《人間遊戲》所揭示的人際互動的奧祕「心理遊戲」，是很不一樣的運用時間的方式。然而藉個勢拉個邊，在這兒將這二類「Games」作個比較，有些挺有趣的發現呢。

　　「這個獎牌顏色不是我要的」是不少選手賽後的心聲，是的，每個參賽者的目標都是公開明確的，就是要贏！但是根據伯恩在本書中的說法，「心理遊戲」是一連串隱藏溝通組成，不只被涉入其中的其他角色，連主要發動遊戲的玩家可能都不清楚自己有任何隱晦的目的，只是怎麼的就一

起進到了莫名其妙的結局。比賽過程雖然也有運用策略的時刻，例如舉重場上每次試舉要加幾公斤，但所有的比賽規則都有明文規定，甚至運用科學儀器，以求公開公正，例如羽球男雙決賽的那球「in啦」更是經典，真叫人輸得心服口服，贏得理直氣壯；而心理遊戲則好像所有人都在重重迷霧之中，不知規則不明究理的走向悲劇的結局（萬幸的是，伯恩在本書中慧黠的解析這些惱人的心理遊戲，才令人有機會一探其妙，這也是本書值得一讀之故）！奧運每場比賽結束都有超級無敵多正向安撫的交流，幾乎所有人都為比賽的精彩給予高昂的歡呼與喝采，或收到滿滿的肯定及打氣，像極了一個大歡慶，連遠端看直播的人也是興奮得久久不能自已，滿滿的FC（自由型兒童自我，Free Child）之間的親密連結深刻感人；而心理遊戲呢，每個遊戲的結局卻是相關角色大多進入了一個不好的「扭曲」感覺，再次認定了自己或他人一個「不好」（not OK）的心理位置（不論是我不好或你不好），並且可悲的確信自己的人生終將繼續走向一個不美好的方向。心理遊戲的結果，傷心？怨懟？自責？一點都不好玩。

艾瑞克・伯恩於 1970 年代，在北美心理學界建立了他的溝通分析理論，成為一個心理治療的學派，他建立的這個理論企圖以親切口語化的方式，向所有人解構有時令人摸不著頭緒的許多人際現象及生命樣貌。當然，作為醫師的伯恩特別希望他的理論能為一些因人際問題而受苦的人找到理解與解決之道，不是只讓人好過一些，而是治好他們，這就是他的信念。一時之間，我好你也好、父母自我、成人自我、兒童自我等詞語，很快的流通在學界及坊間。特別是本書《人間遊戲》的出版，竟然流行大賣而成為暢銷書！伯恩運用北美文化裡常見的互動故事為架構，也用慧黠的命名指出一齣齣人際互動的戲劇。藉著他的分析，曝光了許多在人際互動裡潛藏的動機，而這在東方文化裡卻一點也不陌生，相信中文的讀者讀

來，一定也能會心一笑，或若有所悟。

　　成為暢銷書作家看來不是伯恩的目標，作為醫師及心理治療工作者，他建立理論、推廣理論的目的，是相信能協助更多人明白，並恢復以「我好你也好」（I'm OK, you're OK）的心理地位與他人互動。直接坦誠的溝通交流，是可以學習的事，也是何等愉快的事。

　　1990年代，在幾位歐洲老師不遠千里來台灣教TA開始，我有幸深入學習及實踐這套理論，初學之時看似容易上手，愈學習愈看到及學到關於我自己和別人的人生腳本、心理遊戲的奧妙。2000年我通過歐洲溝通分析協會（EATA）的認證成為心理治療領域的溝通分析師（CTA）；今年在疫情的不便之下，也努力取得TA的預備教師與督導（PTSTA）資格，到如今還在學習著使用著這套可愛也尖銳的理論，希望分享及協助更多人成為「我好，你也好」的人。有幸看到本書以新的繁體版本出現，真是太好了，增加一個非常好的工具書，讓有心學習的人更方便多了。

　　這陣子手握著《人間遊戲》，不免再次省視自己及周圍的各類人際互動，竟不斷有亮光出現照進看似隱昧之心靈深處，令我不時也「啊哈」了起來。

　　一起來吧，邀請你，在TA裡、在本書中，一起「啊哈」！

《人間遊戲》看見混亂溝通
背後的規則與模式

文／詹姆斯・艾倫博士（James R. Allen）❶

　　四十多年前一個寒冷的冬日早上，我的督導遞給我一本名為《人間遊戲》（*Games People Play*）的書。他說這本書雖然名字古怪，但是作者艾瑞克・伯恩卻推動了精神病學發展。那是我在加拿大魁北克麥吉爾大學（McGill University）擔任精神科住院醫師的第一年，我的督導海因茨・雷曼博士（Heinz Lehman）可能是當時北美最具影響力的精神病學家。他於幾年前將「氯丙嗪」（Thorazine）治療思覺失調症（Schizophrenia）❷的方法引入北美，讓嚴重精神疾病治療邁出了革命性的一步。

　　但是當時的雷曼博士和我都不知道，艾瑞克・伯恩也是在蒙特婁長大並從麥吉爾大學畢業。五年之後，當我參加伯恩在舊金山舉行的研討會時，才知道我們有許多相似的背景——我們的第一學位都是古典文學，我們都對人類早年經歷的影響很感興趣（有些人完全由「過去」決定自己是誰，有些人則僅將過去的影響作為生活的一部分）。令我印象最深刻的是伯恩的四

---

❶ 譯注：醫學博士，於美國奧克拉荷馬大學（University of Oklahoma）健康科學中心教授精神病學、行為科學、蘭伯特家族（Rainbolt family）兒童心理治療，同時也是「國際溝通分析協會」前任會長。

❷ 譯注：舊稱「精神分裂症」，是精神疾病的一種，具有慢性、反覆的精神症狀，主要與思考和知覺的失調有關。

種性格特徵——過人的智慧、敏銳的專注力、奇特且如冷面笑匠般的幽默，以及他從看似混亂的人類互動背後，洞察潛在規則與模式的能力。

讀者可以從書中發現這些特點。伯恩創造的「心理遊戲分析」（Game Analysis）優勢，在於它連結了人的內在經驗與人際行為，這些人際行為涵蓋了心理層面與社會層面的互動，既有短期互動也包括長期交往。他為這些「心理遊戲」（Game）冠以奇異而有趣的名字，這可以令我們從不同的角度重新看待事物並且帶著溫和的幽默來認識自己。

許多初讀本書的人，可能會將其推薦給愛人或朋友，並且以得意的口吻（如果不是惡意的話）說：「朋友，它能看透你！」但這不是伯恩的本意。他的確希望我們嘲笑自身言行中的謬論與詭辯，但是他的幽默並無惡意。更確切的說，這就像突然出現在眼前的一扇門，讓我們可以推之而入。在治療中，他會為個案開啟這樣一扇門。他要求個案確立「治療合約」（contract）❸──「你希望改變什麼，我們如何知道你已經改變了？」透過問個案這樣的問題，來獲得明確的治療目標和判斷治療是否有效的標準，這個過程也可保證聚焦於治療重心。伯恩經常說：「我不做團體治療，我治療人。」

1964年，為了讓《人間遊戲》順利出版，伯恩和朋友們不得不湊錢支付出版費用。令曾經拒絕本書的出版商跌破眼鏡的是，這本書出版後便瘋狂暢銷，諸如安撫、遊戲、扭曲、溝通、兒童自我狀態、父母自我狀態，和成人自我狀態這樣的詞彙，很快成為1960～1970年代流行文化的一部分，然而發展至今，這些術語的意義和內涵已遠離了伯恩的本意。

---

❸ 譯注：治療合約是溝通分析最重要的治療技術，是治療師與求助者協商確立治療設置和目標的過程。

不幸的是，本書的暢銷令溝通分析淪落為大眾心目中的流行心理學。溝通分析不僅是一種嚴肅的認知行為治療方法，還可以有效處理有關自我與他人的「內部模型」（internal model）以及其他「心理動力學」（dynamic）問題，這個事實經常被流行的喧譁掩蓋。

當一切已成定局時，溝通分析也進入了它的後盛行時期，新的概念與技術納入其中，很多舊觀點得以修正。伯恩已逝，關於對退化個案實施「再撫育治療」（reparenting）❹的爭議與內部分裂，至少在美國已不再持續，但是溝通分析的從業者也大為衰減。然而，溝通分析的根基依然很堅固。

1. 溝通分析的發展現況

現今，全世界有一萬多人以溝通分析師自居。在很多國家都有正式的溝通分析地區性組織，並且有一個國際性組織和五個跨國機構，它們是「國際溝通分析協會」（ITAA）、「美國溝通分析協會」（ATAA）、「西太平洋溝通分析協會」（WPATA）、「拉丁美洲溝通分析協會」（ALAT），以及「歐洲溝通分析協會」（EATA）。僅最後一個協會，就有六千多名會員。這些組織由非專業人員和專業人士共同組成，確保並控制該組織在心理治療、諮商、教育和組織發展四大領域的資格認證考試品質，並保證有穩定的新會員。在英國和澳洲，接受溝通分析訓練也可以成為獲得理學碩

---

❹ 譯注：溝通分析「貫注學派」（The Cathexis School）的創始人席芙（Jacqui Schiff）強調用「再撫育技術」治療嚴重精神病患，但操作上的倫理激發了溝通分析協會內部的激烈爭議，最後以席芙退出溝通分析協會而告終。

士學位的一項條件。

伯恩以其敏銳的洞察力和直覺（這一點在本書的實務概括與圖示說明中已經淋漓盡致的展現出來），用他那個時代的科學術語陳述自己的觀點。然而，現在我們可以用當代的科學語言來理解他的思想。下面提出一些例子：

安撫（stroke）：一個人對另一個人的認可

伯恩將「安撫」定義為一個人對另一個人的認可，並認為安撫對個體的生理和心理健康不可或缺。現在，物質剝奪、嬰兒依戀以及身體接觸對健康的重要性可能是心理健康領域研究最充分的幾個主題。例如，研究已證明幼兒需要身體安撫來維持生存，但是隨著他們學會用言語和非言語方式來交換安撫，實際的生理安撫已非必需。

自我狀態（Ego-State）：思想、感受以及行為同時運作的一連串狀態

伯恩將自我狀態描述為一種思想、感受以及行為同時運作的一連串狀態。現在我們也可以將它們理解為大腦特定神經網絡的表現形式。得益於腦成像技術發展，我們可以真實呈現神經網絡的活動。

伯恩將早年形成的神經網絡稱為「兒童自我狀態」。一旦活化這種神經網絡系統，我們的言行就會像兒童時期的自己一樣。隨著成長，我們將養育者的思想、感受以及行為潛移內化，這種內化的產物所對應的神經網絡便是伯恩所說的「父母自我狀態」。當我們處於父母自我狀態之中時，我們就會像父母親或者承擔父母角色的其他人那樣思想、感受和行為。用超過一種非感性方式處理當下事宜的是「成人自我狀態」，我們在成人自我狀態之中客觀評估現實、基於事實做決定，同時確保兒童自我狀態或者父母自我狀態的情緒或觀念不會汙染這個過程。

值得注意的是，自我狀態是真實可見的，而不是像精神分析中自我、本我和超我那樣的理論假設。我們還應該強調的是，**每個人都擁有這三種自我狀態，並且會根據不同的場合活化相應的自我狀態**。因此，成人自我狀態是一種或一組自我狀態，而不是指一個長大成年的人。

自我狀態一經識別，我們就很容易再次識別它，而且我們可以用這個概念來描述發生在個人內部或者不同人之間自我狀態的溝通。

每一次溝通都包含兩個部分：刺激和反應。單一溝通往往是一連串溝通中的一部分。分析該溝通串可以讓我們觀察有效溝通與非有效溝通，並且更詳細的考察人們如何獲得安撫、如何度過時間，以及如何與其他人發生連結。我們隨後會討論到，心理遊戲是一種與他人連結並相互影響且非常特定的方式。

2.「心理遊戲」分析，了解溝通中暗藏的動機

伯恩在《人間遊戲》中把「心理遊戲」描述為一種模式化且可預見的溝通序列，其表面看似合乎情理，但是實際上暗藏了其他動機並最終導致明確而可預測的結果。**「心理遊戲」是人們用來獲得習慣化且功能失調的安撫方法，捲入心理遊戲中的人無法充分覺察他們所參與的兩個層面溝通** ❺。伯恩所說的「心理遊戲」絕不是指一個人有意操縱或故意迷惑他人，就像當今常見的俗語所說的「他在玩智力遊戲」或愛德華·阿爾比（Edward

---

❺ 譯注：社會層面的溝通和心理層面的溝通。

Albee）❻ 的戲劇《誰害怕維吉尼亞・吳爾芙？》（*Who's Afraid of Virginia Woolf?*）中描述的婚姻戰爭遊戲。

伯恩希望心理遊戲分析能夠隨著知識積累進一步改進，但是他確實提出了心理遊戲分析的理論要素：主題、目的、角色、溝通、範例、步驟、六種獲益以及結局。他還概括了基本的行為分類體系。隨後（1972年），他提出了一個描述心理遊戲的基本公式。他認為如果溝通序列不符合該公式，那就不是心理遊戲。該心理遊戲公式如下：

C (Con)　＋　G (Gimmick)　＝　R (Response)　→　X (Switch)　→　P (Payoff)
餌　　＋　　　鉤　　　＝　　反應　　→　　轉換　　→　　結局

- 「餌」（Con）是「遊戲發起者」（個體A）開始的第一步或發出的邀請。
- 「鉤」（Gimmick）是「第二個人」（個體B）的弱點，這個弱點導致B對餌做出反應。
- 「轉換」（Switch）是指個體A自我狀態的轉換。
- 「結局」（Payoff）則是個體A獲得的結局，是一種突然產生的感覺。

為了更清楚說明這一點，讓我們來看一個說謊的小孩強尼的例子：

強尼是一個5歲的孩子，他的父母正和朋友在餐桌前喝咖啡，他從房間跑進跑出，興高采烈的拉著他最喜歡的玩具卡車。突然間客廳傳來撞擊聲，媽媽走到客廳發現咖啡桌上的玻璃花瓶被人撞倒、碎了一地。

「是誰打破的？」媽媽問。

---

❻　譯注：荒謬派劇作家，《誰害怕維吉尼亞・吳爾芙？》為其代表作。

「狗狗打破的。」強尼回答。

媽媽氣得臉都漲紅了，因為五分鐘前她就已經讓狗到院子裡去了。她走過去邊打孩子邊說：「我才不要一個會說謊的孩子！」

很明顯，大家都知道是誰打破了花瓶。但是強尼的媽媽依然要問：「是誰打破花瓶的？」表面上這是她的成人自我在詢問訊息，但在心理層面上，這是在邀請強尼說謊，然後他真的這麼做了。當媽媽生氣時，她從成人自我狀態轉換為父母自我狀態，她的結局就是突然間產生、一種自恃正義的憤怒感覺。

我們可以說這位母親所玩的是「終於逮到你了，你這個渾蛋」遊戲（Now I've Got You, You Son of a Bitch，縮寫NIGYSOB）。值得注意的是，她並沒有故意或者有意識的設圈套來「引導」兒子上鉤和打他。相反的，她只是因當時的情況而心煩意亂。對強尼而言，他所玩的是「踢我吧」遊戲（Kick Me）。如果他當時承認「是我打破的」，便不會出現後面的心理遊戲了。

3.伯恩之後的心理遊戲分析：高登夫婦所提出的一連串溝通模式

鮑伯和瑪麗・高登（Bob & Mary Goulding）在1970年代後期發展了一個更清楚的心理遊戲分析方法。他們認為一個「心理遊戲」由以下一連串溝通組成：

【溝通1】個體A在溝通中提出一個表面訊息，同時傳遞了一個隱藏

訊息。

【溝通2】個體B對隱藏訊息做出反應。

【溝通3】然後個體A轉換自我狀態，並且突然產生一種令人驚訝的不良感受。

以強尼和媽媽為例，我們可進行如下分析：

媽媽（個體A）：「（表面溝通）這是誰幹的？」在社會層面上，這個詢問僅僅是為了尋找事實。但在心理層面上，這是在邀請強尼說謊。

強尼（個體B）：「是狗狗。」強尼對媽媽傳遞的隱藏訊息做出反應。

媽媽（個體A）：媽媽氣得臉都紅了，同時轉換自我狀態並且以令人驚訝的不好感受結束。

高登夫婦注意到，**心理遊戲的名稱通常與遊戲發起者最後的感受或者與他（或她）在遊戲結束時所得出的結論有關。**由於這個心理遊戲是由媽媽所發起，並且在結束的時候她因發現了「壞人」而獲得一種自恃正義的憤怒感受，所以我們稱這個遊戲為「終於逮到你了，你這個渾蛋」。對強尼來說，他所玩的心理遊戲是「踢我吧」，因為在遊戲結束時他獲得的是被踢的感覺。

4.戲劇三角形：心理遊戲中互相轉換的三個角色

史蒂夫・卡普曼（Steve Karpman）在1960年代末期擴展了伯恩有關遊戲角色的研究，並指出所有戲劇都需要一個受害者角色。不僅如此，為了

成為一個受害者，還需要一個拯救者或者迫害者。為了讓戲劇順利進行，人們相互轉換角色，甚至引入第三個角色，這便形成了溝通的「戲劇三角形」（Drama Triangle）。

在心理遊戲中，所有參與者會相互轉換位置來扮演這三種角色。人們在扮演一種角色的時候可能會突然發現自己已經在扮演另一種角色。在上面的例子中，媽媽一開始扮演的可能是幫助者，然後轉換為受害者，在遊戲結束時已變成強尼的迫害者。強尼則從一開始的迫害者（對媽媽而言）轉換為受害者。

在1970年代中期，席芙和其同事注意到，在玩心理遊戲時參與者都沒有使用其所有自我狀態。例如在「終於逮到你了，你這個渾蛋」遊戲中，玩家激化了他的「父母自我狀態」和「成人自我狀態」，對方則激化了「兒童自我狀態」。他們共同採用了三種自我狀態，就像兩個人在一起塑造了一個完整的人。

在強尼和母親的例子中，母親運用了成人自我狀態和父母自我狀態，而強尼處在兒童自我狀態當中。如果反覆玩這個心理遊戲，其危險在於強尼在長大的過程中可能無法形成感受自責和內疚的能力，反而變得擔心來自外部的羞辱或者去討好、阻撓或欺騙擁有權威的人。換言之，他將無法充分運用自己的成人自我狀態和父母自我狀態。

發起心理遊戲的人，此舉是帶有「漠視」（discount）。漠視分為四種類型：

【類型1】漠視問題的存在。

【類型2】漠視問題的意義。

【類型3】漠視問題可以被自己解決。

【類型4】漠視問題可以被他人解決。

強尼的母親所漠視的事實是：「小狗已經在外面，而好動的強尼正站在打碎的花瓶旁」；她也漠視了另一個事實：「她在房間裡沒有安置足夠的兒童安全設施」。對該情境更為適宜的反應應該是說「退後」或者「去把掃帚拿過來」。

5. 腳本框架中的心理遊戲：重複的心理遊戲，構築了一個人的一生計畫

　　1979年，厄斯金（R. G. Erskine）和札克曼（M. J. Zalcman）延伸了伯恩的觀點，**他們認為心理遊戲的結果，強化了一個人存在於世的基本「地位」，也就是他（或她）對自己和他人所採取的基本立場，也強化了遊戲玩家如何決定其「人生腳本」（Life Script）**。也就是說，人生腳本是由重複的心理遊戲及其結果所構成。伯恩早在這本書中便已經提到「欠債者」（Debtor）遊戲（請參考第6章）如何輕而易舉的成為人的一生計畫。

　　強尼的母親可能在遊戲結束時再次感覺到人（或者男人），都是不好的而且都會對她撒謊，從而再次驗證了她在早期對自己、他人，以及這個世界有何期待所作出的決定。當然，這個假設需要仔細檢驗，否則它只是一種猜測。也有可能是她創造出一種可以產生負面情緒的情境，然後利用這種情緒來推進她的人生腳本。例如，她可能會收集這些不好的感受讓自己絲毫不感到內疚的表達出不喜歡強尼，以及想擺脫他的願望，或者離婚。在這種情況下，我們將這些感受稱為「扭曲」（Racket）的情感。她會積累自己的痛苦感受，就像收集點券，來兌換最終的「獎品」。

我相信，**當前對嬰兒以及學步兒與母親互動的影像紀錄，可以說明有些心理遊戲在生命第一年就已經開始了。**很可能早在兒童會說話以前就已經以模式化行為的方式保存在內隱記憶中。就像伯恩所強調的，我們會主動教導孩子玩特定的心理遊戲。這裡所描述的5歲男孩強尼與母親之間的一連串溝通，很可能只是長期以來強尼被教導玩「踢我吧」遊戲溝通序列中，最近發生的一次。

　　1977年，精神分析師范妮塔‧英格利許（Fanita English）注意到，當個體無法讓他人用其兒時習慣的方式給予安撫，以便令自己表達扭曲情感（藉此掩蓋被禁止的真正情感）時❼，他對這種情況的反應就是轉換自我狀態，而心理遊戲便由此產生。她的結論表示真正存在的只有三種主要的遊戲類型：「終於逮到你了，你這個渾蛋」、「踢我吧」和「爭吵」（Uproar）。「終於逮到你了，你這個渾蛋」玩家，從無助或對抗的兒童自我狀態轉換為父母自我狀態；「踢我吧」玩家從專橫或幫助他人的父母自我狀態轉換為兒童自我狀態；「吵鬧」的遊戲雙方同時轉換自我狀態並且以「砰一聲」摔上門結束。英格利許還指出有時候人們是如何透過玩心理遊戲來驗證兩個完全不同的「存在地位」。例如，像強尼母親這樣的人玩「終於逮到你了，你這個渾蛋」遊戲時，該遊戲強化了「我好，你不好」（I'm ok, You're not ok）的心理地位，隨後當面對壓力時，她轉換為「踢我吧」遊戲，這又強化了「我不好，你好」（I'm not ok, You're ok）的心理地位。現在我們可以認為這個例子中，個體強化的是兩套不同的基本組織原則：一套在外顯記憶中（我好，你不好），另一套則更深層的根植於內隱記憶（我不好，你好）。關於這一點，伯恩在《人間遊戲》出版後曾經談及

---

❼　譯注：英格利許稱此為「扭曲的過程」（Racketeering）。

「心理大學 T」：心理大學 T 的正面寫著「請愛我吧」，然而當穿著這件衣服的人轉過身後，你會看到其背面寫的是「不是說你，笨蛋」。

施坦納（Claude Steiner）強調，**人們為了心理存活就必須獲得安撫，但由於社會及個體內在規則限制了人們自由交換安撫，所以人們普遍缺乏安撫，因此心理遊戲便成為成年人為獲得安撫而展開的權力鬥爭。**

6. 大團體中的心理遊戲：為了表達團體中尚未處理的基本人類困境

最近，夏洛特・西爾斯（Charlotte Sills）指出，當人們在團體中重複玩相同的心理遊戲時，可能是在表達團體尚未處理的基本人類困境。也就是說，除了個人問題以外，一個人在團體中玩「終於逮到你了，你這個渾蛋」或「瑕疵」（Blemish）遊戲，有可能是在表達其所在的團體正無意識迴避處理有關「信任」這個人類普遍的問題。

7. 溝通分析的現在與未來

當前，溝通分析，包括心理遊戲分析，已經被應用於多種領域——個體治療以及婚姻和團體治療、諮商、教育和組織發展領域。溝通分析的基本概念得到當代神經科學發展支持，其中支持「安撫」和「自我狀態」的證據最為有力，這些正是溝通分析理論的核心基礎。調查治療效果及個案滿意度的研究表示，該方法的效果相當好。不僅如此，心理健康領域的兩

個潮流──「正向心理學」（positive psychology）和「心智化」（mentalization）──也顯示溝通分析在21世紀的重要影響。

近年來，大家重拾對諸如感恩、希望、樂觀、心流（flow）❽、正念和親密等現象對幸福生活與成長重要性的興趣。這些曾是1960年代「人本主義心理學」（humanistic psychology）運動中的重要概念，但是當時的支持者對這些概念的研究興趣不大。現在，許多人正積極開展有關修女、大學生，以及其他人生活的回溯性研究和前瞻性研究。

這項運動如今被稱為「正向心理學」。因為伯恩強調要透過合理的方式獲取安撫，重視「我好，你也好」（I'm OK, You're OK）的心理地位和以覺察、自發性與親密所表現出來的自主性，他還強調要幫助人們擺脫心理遊戲和具毀滅性的人生腳本，所以正向心理學也是溝通分析理論重要的成分。

當今的心理健康工作者，更重視人們是否有能力將自己與他人理解為是受內部狀態、思想和感受所激發的。這種能力曾被研究者冠以不同的名稱，如「心理覺察」（Psychological Mindedness）、「心智化」，以及「情緒智力」（Emotional Intelligence）。這種能力強調同理與社會適應性，它也是「復原力」（Resilience，應對壓力的能力）的一個重要層面。

伯恩用簡單、清楚，甚至是口語化的語言描述了人與人之間可觀察到的溝通，這讓人們認知到自己的行為是可以理解的，更重要的是人們將認知到這些行為是可以改變的。他為人們發展心理覺察提供了合理的框架。海因茨·雷曼說伯恩推動了精神病學發展，便是此意。這也是溝通分析繼續流行的重要原因。

---

❽　譯注：積極心理學的核心概念之一，是一種特殊的積極心理體驗。

最早出現在《人間遊戲》中的很多思想如今已廣為流傳，以至於大家甚至忘記了它們真正的出處。另一方面，溝通分析仍然繼續吸收來自其他學派的理念與技術，溝通分析從業者也在繼續修正並延伸伯恩的原始觀點。這種做法正體現了蘊藏在伯恩經典語錄中的精神：「我不做團體治療，我治療人。」

這是一本值得反復閱讀的書。當我再次閱讀本書的時候，也一再被伯恩那豐富而歷久不衰的直覺靈感和敏銳的臨床觀察所打動，並感激我們能繼續受惠於他的寶貴饋贈。

因此，歡迎讀者閱讀這本具有非凡影響力的著作。

從《人間遊戲》一書，
學會自主性與超越心理遊戲

文／高雄醫學大學心理系助理教授 張娟鳳

　　首先感謝小樹文化給我這個審閱的機會，讓我精讀這本鼎鼎有名的暢銷書《人間遊戲》，順道回憶起和四位北歐老師學習與在大學開課教授「溝通分析」（Transactional Analysis Psychotherapy，縮寫「TA」）的經驗，亦完成我回饋「溝通分析」的心願。

　　我於1994～1997年參加高雄澄清協談中心「溝通分析」的專業教育訓練，這是由挪威籍宣教士郭惠芬（Sissel Knibe）老師引進台灣，部分課程由三位瑞典老師歐嘉瑞（Thomas Ohlsson）、安妮卡（Annika Bjork）、羅南（Roland Johnsson）搭長途飛機趕來助陣。

　　每個月，我們會有一到兩次利用週末假日連上兩天課程，我記得老師教完一個概念，就會讓我們分組演練或討論半天甚至一天，期待我們不急不緩的分享自己的經驗，最後老師會幫我們解惑或回饋，因為整班約有十位學生，大家相處得很親密。我在那裡上過TA101、TA202❶，還有討論個案的「合約小組」。平時都有口譯幫我們溝通，有一次口譯沒有來，我只

---

❶　編注：TA101為「溝通分析基礎認證課程」、TA202為「溝通分析專業課程」，關於課程內容可以參考「中華溝通分析協會」上的詳細簡介。

好自己用英文報告個案，歐嘉瑞老師誠懇且溫暖的對我說：「我聽得很清楚。」這對我來說是莫大的鼓勵。後來，我到美國及英國開會與旅遊，都可以自由的融入當地的社交。歐嘉瑞老師在他的著作裡也提過上課的感想：「在文化差異底下，基本人性是不變的！即使曾因不同的語言有溝通障礙，但我們彼此共享的友誼與生命交會時的光彩是無法抹滅的。」

　　往後，我在執教的高醫大心理系開設二十次以上的「溝通分析」選修課，也設計一些教材，鼓勵學生把自己的經驗填進去，並且跟隔壁的同學討論，課後也可以找老師解惑。另外，我也設計一些主題，讓同學分組上台演話劇，讓上課充滿感情與分享，可能也是延續先前受訓的經驗。

　　《人間遊戲》是溝通分析學派創始者艾瑞克・伯恩（Eric Berne）的著作，也曾榮登《紐約時報》（*The New York Times*）暢銷書榜首達兩年以上，可見其受歡迎的程度。但是我也注意到本地坊間缺乏完整的中譯本，直到審閱期間必須中英對照精讀時，才發現內容的確有些深奧難懂，所以很佩服翻譯者功力不淺、詳實表述，並加上副標題，幫助讀者容易閱讀。此外，因原作者是精神科醫師，較深入的解剖心理遊戲溝通，且部分情節會探索到當事人的潛意識，因此讀者需要有些抽象理解的預備。

　　本書內容主要分成三個部分：前五章講述「溝通分析基本原理與專有名詞」，如：自我狀態、基本溝通方式、程式和儀式、消遣、心理遊戲。第六至十二章提到「心理遊戲的類型」，包括：生活遊戲、婚姻遊戲、聚會遊戲、性遊戲、暗黑遊戲、諮商室遊戲、好的遊戲。第十三至十八章提到「設法超越遊戲」，學會自主性、獲得更佳的安撫。

　　相信讀者讀完本書鐵定可以回覆這三個問題：

　　「『心理遊戲』是怎麼一回事？」

　　「為什麼需要玩『心理遊戲』？」

「如何終結『心理遊戲』？」

最終，學會以自主性來超越遊戲，獲得安撫和親密。

想要探索生命眞相的人，都必須閱讀的經典之作

以下是美國作家馮內果（Kurt Vonnegut）❶ 在 1965 年 6 月 11 日出版的《生活雜誌》（*Life*）中對《人間遊戲》所寫下的書評。

　　這個遊戲的名字叫「吵鬧」：「父親下班回家後找女兒的碴，女兒很無禮的回嘴；或是由女兒開啟了心理遊戲的第一步，她在父親面前放肆無禮，於是父親責備她。他們的聲音愈來愈高，衝突愈來愈激烈。該心理遊戲的結局取決於是誰走了第一步。有三種可能的結局：

【結局1】父親衝回房間砰的把門關上。

【結局2】女兒衝回自己房間砰的把門關上。

【結局3】兩個人分別回到自己房間且都砰的把門關上。

　　「任何一種情況下，『吵鬧』遊戲的代表性結局都是砰然摔上門。『吵鬧』遊戲為某些家庭中父親與青春期女兒之間的性問題提供了一個雖令人痛苦，但卻行之有效的解決方法。他們通常只有透過相互生氣才能在

---

❶　譯注：美國最受歡迎的作家，其反戰小說《五號屠宰場》（*Slaughterhouse-Five*）被譽為20世紀「後現代／黑色幽默」的極致之作。

一起生活，而摔門便是在互相強調這個事實，也就是：他們在家中擁有獨立的房間。」

　　以上出自精神分析師艾瑞克‧伯恩博士的心理學著作《人間遊戲》。伯恩博士最喜歡的雜誌是《科學》（science）和《瘋狂》（Mad），最喜歡的書是《胡拉善神話》（The Kuzzilbash）❷和《道恩‧金斯伯格的復仇》（Dawn Ginsberg's Revenge）❸，他用玩撲克贏來的錢造訪了三十多個國家的精神病院。這本《人間遊戲》在1964年8月悄悄出版，出於謹慎首刷僅印了三千本。

　　至今，據說本書已經賣出四萬多本，這並不稀奇，因為這本書清楚記錄了人類反復上演的各種心理戲劇，內容才華橫溢、妙趣橫生。當有人為了獲得某種隱祕的滿足或釋放，而創設出一種常見的社交問題時，伯恩博士認為這就是一種心理遊戲。

　　在「你來討債試試看」遊戲的第一幕，玩家積欠了一大筆債務，總是拖欠不還（順便說一下，這是一種心理遊戲，作者認為孩子往往從父母那裡學會了這種遊戲）。該心理遊戲的中間階段，是一齣威脅與討債的滑稽劇情，賴帳者很喜歡這個階段。到了該遊戲的終幕，債主不是將錢要回就是放棄討債，這兩種情況又會很不幸的帶來新的一輪心理遊戲，那就是「終於逮到你了，你這個渾蛋」或者「為什麼我總是會發生這種事」。

　　伯恩博士在這本書中描繪了一百零一種遊戲，這樣的效率跟他玩撲克牌的水準一樣高。然而，效率如此之高是有可能的，因為大家相當熟悉這

---

❷　譯注：蘇格蘭作家弗雷澤（James Baillie Fraser）的系列作品。
❸　譯注：美國幽默作家佩雷曼（S. J. Perelam）的作品。

些心理遊戲那悲傷、甜蜜或殘酷的主題，而且作者所取的名稱幾乎能說明一切：「踢我吧」、「要不是因為你」、「我只是想幫你」、「你有非凡的洞察力」、「義肢」、「傻瓜」、「讓我們來騙喬伊一把」。他認真的向該領域的先驅史蒂芬·波特（Stephen Potter）致敬，但是揚棄了波特式的怪誕，而希望大家嚴肅對待心理遊戲，就像對待極度需要拆除的定時炸彈那樣。因為一些心理遊戲可能會導致離婚、謀殺和自殺。

這是一本非常重要的著作，不僅是對科學界，對那些極其需要簡明線索來探尋生命真相的普通人而言更是如此。它也打破了一種誤會，認為小說家或劇作家憑藉自己神奇的直覺來揭示生命，要比醫生多。好的醫生只會將自己的洞察貢獻於治療藝術，他所提供的故事情節哪怕經過萬年也不會枯竭。

像這樣一本關於心理遊戲的智慧之作，只有非常幽默的人才能寫出，所以本書的理論部分也相當富趣味性。想一想作者用簡單的圖示為我們描繪兩個人相會的情景。伯恩博士說，**每個成熟個體的人格都包含三個部分：像兒童一樣的部分，成人的部分，以及模仿父母的部分。**在任何特定時刻，人都能夠分別表現出這三種自我狀態：「父母自我狀態」（P）、「成人自我狀態」（A）和「兒童自我狀態」（C）。

兩個人的溝通共有九種不同的自我狀態組合（P—P，P—A，P—C等），這些組合下的溝通有些是愉快的，有些是憤怒的，有些有益，有些無益。伯恩博士並不認為在所有場合下都應該用「成人自我」對應「成人自我」關係。這九種自我狀態組合中，每一種都有各自適合的場合。「兒童自我—兒童自我」適合愛情交往。這是不是把問題簡單化了？當然是，但是這難道不比戀母情結那樣的複雜概念更清楚悅目嗎？

描述心理遊戲並不是本書的主體，甚至不是它最豐富的部分。但我懷

疑大部分的人首先看的還是這些心理遊戲，跳過了伯恩博士在描述心理遊戲前精心建構的理論。毫無疑問，正是這些心理遊戲讓本書大賣，因為它們擁有如漫畫家迪恩（Abner Dean）筆下的怪人「路易士阿姨」那樣強大的吸引力。但隨後人們就會發現這本書前面部分，充滿了滋養思想的實在內容，於是這本書的價值又翻了一倍。

目錄

Part 1

心理遊戲分析
Analysis of Games

第 **1** 章　結構分析　48
Structural Analysis

生命中的每一段溝通，
都是「父母自我」、「成人自我」與「兒童自我」之間的交互作用

1. 自我狀態，連貫且一致的情緒感受

2. 每一段溝通所呈現且早已內化的父母、成人與兒童自我狀態

3. 結構分析中容易混淆的詞語以及概念

4. 父母、成人與兒童自我狀態，都具有重要的生存與生活價值

3.「踢我吧」遊戲 (Kick Me)：誘導他人踢他，然後進入「為什麼我總是會遇到這種事」遊戲

4.「終於逮到你了，你這個渾蛋」遊戲 (Now I've Got You, You Son of a Bitch)：透過心理遊戲，為自己發怒尋找正當理由

5.「看，都是你逼我的」遊戲 (See What You Made Me Do)：用來對抗貿然提出勸告的人

5.「他們會很高興認識了我」遊戲 (They'll Be Glad They Knew Me)：
為了證明他人可以友好、尊重的對待自己

Part 3

超越心理遊戲
Beyond Games

第 **13** 章
人類社會中，
心理遊戲的四大特殊意義　224
The Significance of Games

在歷史、文化、社交與個人上，
心理遊戲具有不同的特殊意義，且影響著整個社會運行

1. 歷史意義：代代相傳、難以擺脫的心理遊戲
2. 文化意義：「撫養」基本上就是教孩子玩不同的心理遊戲
3. 社交意義：「心理遊戲」被夾在消遣和親密之間，逃離無聊又避免
   親密
4. 個人意義：人們會選擇和玩相同心理遊戲的人作朋友、同事和知己

2. 自發性：從混合感受中自由表達自己的感受

3. 親密：自發且不含心理遊戲的坦率

從理解、認識到擺脫人際溝通中的各種「心理遊戲」

文╱艾瑞克‧伯恩（1962 年 5 月寫於美國加州卡梅爾市）

　　原先，這本書主要是作為我的另一本著作《溝通分析心理治療》（*Transactional Analysis in Psychotherapy*）[1]❶的續篇，然而我在撰寫之初，便計畫讓這本書也能被獨立閱讀與理解。本書第一部分總結了理解「心理遊戲」❷所需的理論；第二部分介紹了「各種心理遊戲」；第三部分增加了臨床與理論方面的題材，讓我們能在一定程度上理解「擺脫心理遊戲」意味著什麼。想進一步了解相關背景的讀者，請閱讀《溝通分析心理治療》。若閱讀過這兩本書，便會注意到除了理論進展之外，由於更深入的思考以及吸收了最新臨床資料，本書的術語和觀點也有不少細微的變化。

　　許多學生以及講座聽眾，希望我能條列出心理遊戲，或是在解釋溝通分析原理時，進一步闡述當中所舉的心理遊戲。非常感謝這些學生和聽眾，由於他們對於「心理遊戲」的興趣與需求，讓這本書得以完成；我想特別感謝那些勇於暴露自己的心理遊戲、發現新的心理遊戲或者為其命名

---

❶　編注：此標示為參考書目，請參見本書最後。
❷　譯注：本書所使用的「遊戲」（game）一詞，並非傳統的兒童遊戲或娛樂遊戲，而是一系列特殊的情緒、情感和行為模式，因此本書翻譯以「心理遊戲」為主，以方便區別。

的個案——芭芭拉‧羅森費爾德（Barbara Rosenfeld）小姐對「傾聽的藝術與意義」有很多見解，在此由衷感謝；此外，還要感謝梅爾文‧博伊斯（Melvin Boyce）先生、喬瑟夫‧康坎農（Joseph Concannon）先生、富蘭克林‧恩斯特（Franklin Ernst）醫師、肯尼斯‧埃弗特（Kenneth Everts）醫師、高登‧格利特（Gordon Gritter）醫師、法蘭西斯‧馬特森（Frances Matson）女士和瑞雅‧潘德（Ray Poindexter）醫師等人，他們各自發現或確認了許多心理遊戲的意義。

克勞德‧施坦納先生是舊金山「社會精神病學研討會」（San Francisco Social Psychiatry Seminars）前任主任，目前任職於「密西根大學心理學系」（Department of Psychology, University of Michigan）。在此特別提到他，是基於以下兩點理由：一、他最早展開實驗，證實了本書的很多理論觀點；二、其實驗結果有助於澄清「自主性」（autonomy）和「親密」（intimacy）的本質。我也要感謝研討會財務祕書薇奧拉‧利特（Viola Litt）小姐和我的私人祕書瑪麗‧N‧威廉斯（Mary N. Williams）女士，感謝她們長久以來的幫助，最後感謝助理祕書安‧蓋列特（Anne Garrett）幫忙審閱校樣。

關於本書所使用的描述以及其「語義」

為清楚簡單，本書主要從男性角度來描述心理遊戲，除非這些心理遊戲具有明顯的女性色彩。因此，心理遊戲的主角通常以「他」這個主詞來表示，但是這絕非偏見，因為除非另有所指，否則同樣的情況也適用於女性，且書中已做出必要的細節說明。如果心理遊戲的女性角色與男性角色有明顯差異，我也會加以區分。承上原因，書中的治療師也以「他」來表

示。本書的詞彙和觀點主要針對臨床工作者，但是其他專業人士也會發覺本書相當有趣或有用。

　　「溝通分析」（Transactional Analysis）中的「心理遊戲分析」（Game Analysis）應該與另一個發展中的姊妹科學「數學遊戲分析」（Mathematical Game Analysis）加以區分，儘管本書的一些術語，例如「結果」（payoff）一詞的英文已經是非常數學化的術語。數學理論中的遊戲，請見盧斯（R. D. Luce）和睿法（H. Raiffa）的著作《遊戲與決策》（*Games & Decisions*）[2]。

每一個人都無法避免、影響一生決定的 「心理遊戲」

1.社交理論：溝通與社交，是促進身心健康的重要關鍵

《溝通分析心理治療》[1]已用了相當大的篇幅介紹「社交」（Social intercourse）理論，現概述如下：

史畢茲（R. Spitz）已發現[2]，如果嬰兒長時間得不到撫摸，往往會陷入不可逆轉的機能衰退，最終死於併發症。這便是他所稱的「情感剝奪會導致致命性後果」。這些發現產生了「刺激渴望」（stimulus-hunger）這個概念，並表示人們最喜歡的是身體親密形式提供的「刺激」（stimuli），而從日常經驗來看，便能輕易接受這個結論。

參與「感覺剝奪實驗」（sensory deprivation）的成人受試者，也會出現類似現象。實驗條件下的感覺剝奪可導致短暫性精神病，或至少引發暫時性精神障礙；在過去，社交剝奪和感覺剝奪對於被判處長期隔離監禁的人，也有同樣的影響。實際上，哪怕是對身體酷刑無動於衷的罪犯，隔離監禁依舊是他最害怕的懲罰之一[3&4]。如今，這也成為了聲名狼藉，用以誘導政治順從的方法（相反的，公認對抗政治順從的最佳武器，是社會組織[5]）。

從生物學角度來看，情感剝奪和感覺剝奪可能會引起或促使生物有機體改變。若腦幹的「網狀活化系統」（reticular activating system）[6]受到的刺

激不足，至少會間接引發神經細胞的退化性變化。這可能是由營養不良引起的「次級效應」（secondary effect），但就如同患有消瘦症的孩子，營養不良本身可能就是情感冷漠的產物。因此，有可能存在一條從情感和感覺剝奪開始，經由冷漠到退化性變化，而最終死亡的生物鏈。從這個意義上來說，刺激渴望對人類有機體生存的重要性，猶如對食物的渴望。

事實上，刺激渴望不僅在生物學層面上如此，在心理和社會層面上也有很多方面和食物渴望並行。諸如營養不良、滿足、享受、暴食、獵奇、禁慾、烹調藝術、烹飪大師這樣的詞彙，可以很容易的從營養領域轉移到感覺領域。過度進食與過度刺激是並行的，在這兩個領域中，一般情況下當供應充足、內容多樣時，對其選擇主要受個體特性影響。可能有一些甚至有許多個體特性都是先天決定的，不過它們跟本書所涉及的問題並沒有很大的關係。

社會精神病學家所關心的是，嬰兒在正常成長過程中與母親分離後會發生什麼情況。已有的看法可總結為一句「俗語」[7]：「如果沒有得到安撫，你的脊髓就會萎縮。」因此，與母親親密無間的階段結束後，每個人盡其餘生都在面臨命運與生存的兩難困境：一方面是社會、心理和生物學力量在阻礙個體繼續獲得嬰兒式的身體親密；另一方面則是他對這種身體親密的永恆追求。在大部分情況下他會妥協，學會了以更巧妙，甚至是象徵性的方式來處理這種需要，以至於僅僅是他人點頭認可，便能在某種程度上滿足其需要，即使他對身體接觸的原初渴望依然不減。

這種妥協過程有不同的名稱，例如「昇華」（sublimation），但是無論稱謂如何，其結果都是「嬰兒的刺激渴望部分轉化為『認可渴望』（recognition-hunger）」。隨著妥協的複雜程度增加，每個人在追求認可時將變得愈來愈個體化；正是這種差異帶來了社會交往的多樣性，並決定了

一個人的命運。電影演員可能每週都需要各式各樣的崇拜者上百個安撫（不論是否具名），才能避免脊髓萎縮；而科學家可能一年只需要一位敬重人物的一次安撫，便能維持身體和心理健康。

「安撫」（stroke）可作為「親密身體接觸」的總稱，但是在現實情況中，它可以有不同的表現形式──有些人就像字面意義表示的那樣撫摸嬰兒；有些人擁抱或輕拍嬰兒；還有些人則是好玩似的捏他或者用指尖輕輕逗弄他。這些形式都有互相對應的溝通風格，所以觀察一個人的溝通模式，便能預測他將如何對待嬰兒。如果擴大「安撫」的意義，那麼它可以用來通俗化的表示任何「認可他人存在」的行為。因此，**安撫可以作為社交行為的基本單位。交換一次安撫便構成了一次「溝通」，這也是社交單位。**

心理遊戲理論認為，就生物學意義上來說，任何形式的社交都勝過完全沒有社交。李維（S. Levine）[8]著名的老鼠實驗已經證實了該原理，其實驗發現，觸摸不僅對身體、心理和情感發展有利，而且還能影響大腦生物化學甚至可以對抗白血病。這些實驗的重要特徵在於，溫柔撫摸和痛苦電擊對促進動物健康而言有相同的效用。

而以上理論讓我們更有信心繼續討論。

2. 時間結構：人們渴望刺激與認可，以填補生活中的空檔

我們已經有明確共識，撫摸嬰兒以及對成人施予與之相當的象徵性待遇（認可），都具有生存意義。那問題是，接下來是什麼？日常生活中，人們互相問候完要做什麼（無論其問候是口頭說一聲「嗨」，還是持續數小時的

東方禮儀）？在「刺激渴望」和「認可渴望」之後，接下來便是「結構渴望」（structure-hunger）。青少年經常面臨的問題是：「（互相問候）接著，你要對她（他）說什麼呢？」不光是青少年，對很多人而言，沒有什麼比社交中斷、一段沉默、空白的時間更令人不舒服（這個時候除了說：「你不覺得今晚這片牆特別直嗎？」❶，再也找不到更有趣的話題）。人類的永恆問題是如何安排其清醒的時間。從存在主義的角度來看，社會生活的所有功能都是為了讓人們朝該目標前進而互相幫助。

「時間結構」（time- structuring）的操作方面可稱為「程式」（programming），它有三個方面：物質、社會和個人的。安排時間最常見、最方便、最舒服和最實用的方法，是制定計畫以處理外部現實中的物質：這便是通常所說的「工作」（work）。這種規劃可稱之為「活動」（activity），「工作」這個詞反而不太合適，因為社會精神病學的一般理論應該會認為社交也是工作的一種形式。

「物質程式」（material programming）是為了應對變化無常的外部現實，就這一點而言，物質程式化的活動僅僅是安撫、認可，以及其他複雜的社交形式所產生與發展的條件。物質程式化一開始並不是社交問題，它在本質上以資料處理為基礎。建造一艘船的活動要依靠一連串的測量和評估其可能性，而為了讓建造活動持續進行，在此過程中所發生的任何社交互動都應當處於次要的從屬地位。

「社會程式」（social programming）產生了傳統的儀式性或半儀式性交流。其最主要的判斷標準是能被地方所接納，即通常所謂的「有禮貌」。世界各地的父母都會教他們的孩子要懂禮貌，也就是讓孩子知道如

---

❶　譯注：相當於「今天天氣真好」之類無內容、無營養的談話。

何適當的問候、進食、排泄、求偶和進行哀悼儀式，以及在一段主題式談話中如何表現出進退得宜。這種進退得宜便體現出一個人處理人際關係是否老練或得體，其中有些是普世通用的，有些則具有地域性。有些地區的傳統禁止在用餐時打嗝或者問候對方的妻子，但有些地區則沒有這樣的忌諱，事實上這兩種禮節之間的確有很高的負相關。允許用餐時打嗝的地區，問候女眷是不明智的；而在可以問候女眷的地區，最好不要在用餐時打嗝。通常，正式儀式後面是半儀式性主題式談話，而為了區別，可以將後者稱為「消遣」（pastime）。

隨著人們愈來愈熟悉彼此，將會出現更多「個人程式」（individual programmng），結果就會發生「關鍵事例」（incident）。關鍵事例在表面上似乎是偶然出現的，而且當事人也能夠將它們說清楚，但如果仔細考察就會發現，它們往往遵循明確的模式（我們可以對這些模式進行整理、分類），而且有一些潛在規則限制了這些關鍵事例的發展順序。只要大家按照心理遊戲規則玩下去，無論雙方是友好還是敵對，這些規則便持續潛藏，但是一旦有人違背心理遊戲規則，它們就會現身，並且帶來一聲象徵性、口頭上，或者「有法律意義」的大喊：「犯規！」和消遣不同，這樣的發展順序更多基於個人程式而非社會程式，所以我們稱之為「心理遊戲」。家庭生活和婚姻生活，以及各種組織生活，都有可能在年復一年的進行著同一種心理遊戲的不同變體。

「大多數社交活動是由心理遊戲所構成」並不意味著心理遊戲「好玩」或者玩遊戲的人沒有認真參與關係互動。從一方面來說，如同「玩」足球和其他體育「遊戲」有可能一點都不好玩，而且參與者也可能相當嚴肅；這些心理遊戲就和賭博以及其他形式的「遊戲」一樣，有可能非常嚴肅，有時候甚至是致命的。另一方面，有些作者，例如懷金格（Johan

Huizinga），⁹將食人宴這樣嚴肅的事情也納入「心理遊戲」之中❷。因此，將諸如自殺、酒精和藥物成癮、犯罪或思覺失調這樣的悲劇性行為稱作「玩心理遊戲」並非不負責任、開玩笑或者野蠻之舉。**人類心理遊戲的本質特徵並不是虛偽的情感，而是將人的情感規則化。一旦出現不合規則的情感，就會施以懲罰。**「玩」心理遊戲可以非常嚴肅，甚至嚴肅到具有致命性，但是只有當規則被打破時，才會出現嚴肅的社會制裁。

消遣和心理遊戲，是現實生活中真實親密關係的替代品。因此，我們可以把消遣和心理遊戲視為訂婚，而不是真正的婚姻結合，這也是為什麼它們會展現出一種尖酸的戲劇性特點。當個人（通常是本能）的程式變得更強烈並且人們開始放棄社會模式和隱蔽的動機與限制時，就會出現親密關係。**親密關係是唯一能夠完全滿足刺激渴望、認可渴望和結構渴望的方法。它的原型是充滿愛的受孕行為。**

結構渴望具有與刺激渴望一樣的生存意義。刺激渴望和認可渴望表達了個體避免感覺飢餓和情感飢餓的需要，缺乏感覺和情感會導致生物退化。結構渴望所表達的需要則是避免無聊，齊克果（Soren Kierkegaard）¹⁰曾指出，「惡」始於時間未結構化。如果這種未結構化再持續一段時間，無論多久，無聊就會成為情感飢餓的同義詞，並且帶來相同的結果。

一個人獨處時有兩種安排時間的方法：活動和幻想。有的人即使在人群中也有可能維持獨處，每一位學校老師都知道這一點。當個體成為由兩人或多人組成的社會集合的一員時，就有多種結構化時間的方法可供選擇。根據複雜程度，它們是：（1）儀式；（2）消遣；（3）心理遊戲；

---

❷ 譯注：懷金格為荷蘭語言學家和歷史學家。他在《遊戲的人》（*Homo Ludens*）一書中討論了遊戲在文化和社會中所起的重要作用。

（4）親密；（5）活動，後者是前四種方式的基礎。社會集合中，每一個成員都想透過與其他成員交流盡量獲得滿足，愈容易讓人接近並獲得的滿足就愈多，而他的大部分程式化社交都是自動的。由於有些「滿足」（satisfactions）是在諸如自我毀滅這種程式化之下獲得，我們很難用「滿足」一詞的一般意義去理解，所以最好使用更中性的詞來替換，例如「獲益」（gains）或「獲利」（advantages）。

社交接觸的獲益圍繞身體和心理平衡展開。它們與以下因素有關：（1）緩解緊張；（2）避免有害情境；（3）獲得安撫；（4）維持已建立起來的平衡。生理學家、心理學家和精神分析師已經詳細調查和討論了這些因素。若用社會精神病學術語來說，它們可表示為：（1）內在原發獲益（primary internal advantages）；（2）外在原發獲益（primary external advantages）；（3）次級獲益（secondary advantages）；（4）存在需求獲益（existential advantages）。前面三個恰巧與佛洛伊德所描述的「疾病獲益」（gains from illness）相對應，分別為：內在原發性獲益（internal paranosic gain）、外在原發性獲益（external paranosic gain）和繼發性獲益（epinosic gain）[11]。我們的經驗已顯示，從獲益的角度來考察社交作用要比視其為防禦機制運作更具啟發性也更有用。首先，最好的防禦是完全不與人交往；其次，「防禦」（defence）這個概念只涵蓋了前面兩類獲益，無法涉及後兩類獲益。

最令人滿意的社會接觸形式是「心理遊戲」和「親密」，無論其是否包含在活動之中。儘管親密關係基本上是個人私事，但是很少有人能獲得持久的親密關係；有意義的社交大部分是以心理遊戲形式展開，這也是我們在此討論的主要對象。另外，如果想進一步了解有關時間結構的資訊，可參閱我所寫關於「團體動力學」（group dynamics）的著作[12]。

獻給我的個案和學生，

是他們讓我愈來愈清楚心理遊戲和生活的意義，

並持續教導我。

Part 1

心理遊戲分析

Analysis of Games

GAMES PEOPLE
PLAY

第**1**章

結構分析
Structural Analysis

— ❧ —

生命中的每一段溝通，

都是「父母自我」、「成人自我」與「兒童自我」之間的交互作用

— ❧ —

1. 自我狀態，連貫且一致的情緒感受

　　觀察人們自發的社會活動（大部分來自團體心理治療）後可發現，人們的姿態、觀點、聲音、用語，以及其他方面的行為，在人際交往中不斷出現明顯變化，而這些行為變化通常伴隨著情緒感受的改變。就單一個體而言，一套行為模式對應一種心理狀態，而另一套行為模式則與另一種心理狀態互相連結，而且通常與前一種狀態不一致。這種可觀察的改變與差異便會產生「自我狀態」這個概念。

　　若用專業術語來描述，自我狀態在現象上是一種連貫且一致的情緒感受系統，在操作上是一套連貫且一致的行為模式。若以更實際的術語來描述，自我狀態就是伴隨著一套相應行為模式的情緒感受系統。**每個人都擁有一個數量有限的自我狀態集合，它們並非人們扮演的角色，而是心理現實。**這些自我狀態可分為以下三類：

【類型1】與父母角色心理狀態類似的自我狀態。

【類型2】自主而直接對現實進行客觀評估的自我狀態。

【類型3】雖是過往遺留物，但依然活躍且固著於兒童時期的自我狀態。

其相應的專業稱謂是，「外來精神的」（exteropsychic）、「新近精神的」（neopsychic）以及「原初精神的」（archaeopsychic）自我狀態。若通俗一點，則可稱它們為「父母自我狀態」、「成人自我狀態」和「兒童自我狀態」。除了最正式的討論，這些簡單的術語可用於各個方面。

2. 每一段溝通所呈現且早已內化的父母、成人與兒童自我狀態

我們認為，在任何既定時刻，處於社會集合中的每一個人都會表現出父母自我狀態、成人自我狀態，或者兒童自我狀態，而且每個人都能夠從一種自我狀態轉換到另一種，只是這種轉換的難易度各有差異。這些觀察可產生某種診斷性的說明：「那是你的父母自我狀態」的意思是「你現在的心理狀態與你的父母（或父母的替代者）曾經出現的某種心理狀態類似，而且你現在的姿態、手勢、用語、情緒等反應就和他一樣」；「那是你的成人自我狀態」就意味著「你剛剛進行了自主而客觀的評估，並且正在以一種就事論事且無偏見的方式陳述你的思考過程、看到的問題，或者得出的結論」；「那是你的兒童自我狀態」則意味著「你的反應方式和意圖就像你還是個孩子」。

其含義如下：

【含義1】父母自我狀態：每個人都有父母（或父母替代者），而每個人所擁有的自我狀態中有些是複製這些父母角色的自我狀態（就像他看到的父母狀態）；且這些父母自我狀態能在特定場合下被啟動（外來精神的運作，exteropsychic functioning）。用通俗的話來說，就是：「每個人心中都帶著他們的父母親。」

【含義2】成人自我狀態：只要合適的自我狀態能被啟動（新近精神的運作，neopsychic functioning），每個人（包括兒童、智能障礙，以及思覺失調個案）都有客觀處理資料的能力。用通俗的話來說，就是：「每個人都有一個成人自我。」

【含義3】兒童自我狀態：每個人都曾經經歷過比現在年齡更小的階段，他心中有一部分自我狀態是固著在過去的遺留物，並且能在某些情況下被啟動（原初精神的運作，archaeopsychic functioning）。用通俗的話來說，就是：「每個人心中都有一個小男孩（或小女孩）。」

現在我們可以來看看「圖1（A）」，即「自我狀態結構圖」（structural diagram）。就目前的觀點來看，這張圖完整描繪了一個人的人格。它包含了父母自我狀態、成人自我狀態和兒童自我狀態。三者彼此獨立，這是因為它們之間的差異巨大且經常不一致。沒有經驗的觀察者可能一開始看不出這種差異，但是只要認真學習「結構診斷」（structural diagnosis），很快就能對三者之間這個有趣的差異留下深刻印象。接下來的敘述，我們將用「父母」、「成人」、「兒童」來表示真實的父母、成人和兒童；而「父母自我」、「成人自我」、「兒童自我」表示自我狀態❶。「圖1（B）」是自我狀態結構圖的簡化版❷。

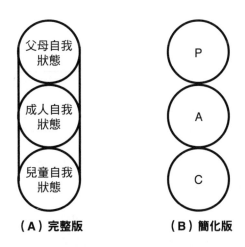

（Ａ）完整版　　　（Ｂ）簡化版

圖1 自我狀態結構圖

3.結構分析中容易混淆的詞語以及概念

結束結構分析的討論之前，我們必須對一些複雜情況作出下列釋疑：

【**釋疑1**】結構分析不使用「幼稚」（childish）這個詞，因為幼稚意味

著必須阻止或擺脫的東西，且含有強烈不受歡迎的意思。

而「赤子般的」（childlike）這個詞，則用來描述兒童自我

---

❶ 譯注：本書原文用小寫的「parent」、「adult」和「child」表示真實的父母、成人和兒童；首字母大寫的「Parent」、「Adult」和「Child」表示父母自我狀態、成人自我狀態和兒童自我狀態，為避免混淆，譯文統一用全稱或簡稱為「父母自我」、「成人自我」、「兒童自我」。

❷ 編注：為了能讓圖表清楚簡潔，我們將會用「P」代表「父母自我狀態」、「A」代表「成人自我狀態」，以及用「C」代表「兒童自我狀態」。

狀態（原初自我狀態），它具有更多生物學意義，而非帶有偏見的評價。實際上，兒童自我狀態在很多方面都是人格中最有價值的部分，它對人們生活的貢獻就像現實的兒童對家庭生活的貢獻：迷人、快樂、富有創造性。如果一個人的兒童自我狀態是混亂且不健康的，那會帶來不幸的結果，但我們可以，也應該對此進行處理。

【釋疑2】「成熟」（mature）和「不成熟」（immature）也不用於結構分析。結構分析裡並不存在所謂「不成熟的人」，只有兒童自我狀態過多或其破壞性太強的人；但是同時，這樣的人都擁有完整且結構完好的成人自我狀態，只是有待發現或啟動。相反的，所謂的「成熟的人」是那些能在大部分時間保持成人自我狀態控制的人，不過他們也會像其他人一樣偶爾被兒童自我狀態占據，通常也會因此遇到麻煩。

【釋疑3】需要指出的是，父母自我狀態會以兩種形式呈現，一種是直接的，一種是間接的。直接的時候是一種「主動活動的自我狀態」，間接的時候則是一種「影響力」。當父母自我狀態直接活動時，這個人的反應就和父親（或母親）的真實反應一樣（做出「像我會做的事情」）。當父母自我狀態作為一種間接的影響力時，個體會按照父母希望他做的那樣去反應（不是做出「像我會做的事情」，而是「按照我所說的去做」）。前面一種情況下，個體成為了他的父親或母親；後面一種情況下，他讓自己順應父母的要求❸。

【釋疑4】因此，兒童自我狀態也會表現出兩種形態：「順應型兒童自我」（Adapted Child，縮寫AC）和「自然型兒童自我」

（Natural Child，縮寫NC）。處於順應型兒童自我狀態中的人在父母自我的影響下調整自己的行為，他的言行就像父親（或者母親）希望他做的一樣。因此，父母自我狀態的影響是因，而順應型兒童自我狀態則是果。自然型兒童自我狀態則是一種自發的表達：自發的叛逆或創造。從酒醉所帶來的結果便可驗證此結構分析：通常醉酒會先解除父母自我的控制，從而將順應型兒童自我從父母自我的影響下解放出來，並轉換為自然型兒童自我狀態。

有了上述介紹的人格結構理論，就足以進行有效的心理遊戲分析。

4.父母、成人與兒童自我狀態，都具有重要的生存與生活價值

自我狀態是一種正常的生理現象。人類大腦是精神生活的器官或組織者，人的精神生活產物是以自我狀態的形式來組織和保存。潘菲爾德（W. Penfield）和其同事所做的研究，便是最具體的證據[1&2]。精神生活在不同層面上還具有其他的分類系統（例如人對事實的記憶），但是經驗本身最自然的形式且依然存在於變換的心理狀態之中。每一類自我狀態都有其獨特的生命價值。

---

❸ 譯注：前一種情況是個體處於父母自我狀態之中，後一種情況則是個體處於順應型兒童自我狀態之中並遵從父母指令行事。

兒童自我狀態包含了直覺[3]、創造力以及自發的驅力和樂趣。

成人自我狀態對人的生存而言至關重要。它處理資料、計算可能性，而這些都是有效應對外部世界必不可少的機能。成人自我本身也會經歷某些挫敗與滿足。例如，橫越一條壅塞的道路就需要處理複雜的速度資料，當人計算並確定安全到達另一端的可能性很高時，才會採取行動。這類成功的計算帶來了滿足感，從而讓人能享受滑雪、駕駛飛機、航海，以及其他體育活動。成人自我狀態的另一項任務是協調父母自我和兒童自我的活動，在兩者之間進行客觀調解。

父母自我狀態有兩大功能。首先，它可以讓人類像有小孩的父母那樣有效行動，從而促進人類生存。這方面的價值可透過養育孩子體現出來。嬰兒期便失去雙親的人要比青春期才遭遇家庭破裂的人，在育兒時面對更多困難。其次，它產生很多自動反應，從而為人類節省了大量的時間和精力。人類在許多事情上都是不加思考、自動完成的，因為「這就是做這件事情的方式」。這樣便可避免讓成人自我做大量且瑣碎的決定，從而把精力放在更重要的事情上，將日常事宜交給父母自我去處理。

因此，**人格這三個方面都具有重要的生存價值和生活價值，只有當其中一種或幾種自我狀態擾亂了健康平衡時，才有必要進行分析和重組。**否則，三者都應該得到同等的尊重，並且在人完整而富有成效的生活中擁有其正當地位。

第 **2** 章

溝通分析
Transactional Analysis

—— ❧ ——

從「互補溝通」到「交錯溝通」，
了解我們日常生活中的溝通限制

—— ❧ ——

「溝通」（transaction）是社交的基本單元。當兩個或更多的人在一個社會群體中相遇後，遲早會有一個人開始說話，或者用其他方式來表示自己認知到他人的存在，這便是「溝通刺激」（transactional stimulus）。然後另一個人會說一些或者做一些與前面刺激有關的事情，這便是「溝通反應」（transactional response）。

　　簡單的溝通分析主要在於判斷是哪一個自我狀態發出溝通刺激，而又是哪一個自我狀態給予溝通反應。最簡單的溝通，其刺激和反應都來自雙方的成人自我狀態。「溝通發起者」（醫生）在手術台前評估眼前的情況，並且認為現在需要的工具是手術刀，於是把手伸向旁邊的護士。「溝通反應者」（護士）準確理解醫生姿勢的含義，並且評估距離和力量，然後將手術刀正確遞到醫生手裡。其次，比較簡單的溝通是兒童與父母之間的溝通。發燒的孩子想喝水，然後關愛的母親把水遞給他。

1. 互補溝通：讓對話可以無限進行下去的溝通模式

以上這兩種溝通都是互補的（complementary），也就是，反應者的反應是適當的，符合溝通發起者的期待，而且遵從健康人際交往的自然順序。第一種溝通屬於「互補溝通I型」，以「圖2（A）」表示；第二種為「互補溝通II型」，以「圖2（B）」表示。

顯然，溝通通常是連鎖的，所以每一個反應都會變成下一個溝通的刺激。**溝通的第一條規則是，只要溝通是互補的，就可以順利進行；對此的推論就是，如果溝通維持互補，那麼在原則上就可以無限進行下去。**這些規則與溝通的內容及本質無關，完全是基於溝通所涉及的向量方向。只要

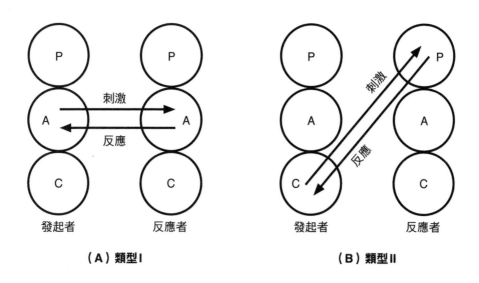

（A）類型I　　　　　　　　　**（B）類型II**

圖2　互補型溝通

溝通是互補的，無論兩個人是批評的閒聊（父母自我－父母自我），一起解決問題（成人自我－成人自我），還是一起玩耍（兒童自我－兒童自我，或者父母自我－兒童自我），都不會違背這個規則。

2. 交錯溝通：造成大部分社交困境的溝通模式

與上述相反的規則是，當出現「交錯型溝通」（crossed transaction）時，溝通就會中斷。最常見的交錯型溝通以下頁「圖3（A）」來表示，為交錯溝通I型，它也是這個世界上大部分社交困境的根源，無論是在婚姻中、愛情中、友誼中還是在工作中。這類溝通是治療師最關注的，也是精神分析師眼中經典「移情」（transference）反應的代表。

溝通刺激是從成人自我到成人自我（A－A），例如：「也許，我們應該找出你最近開始酗酒的原因。」或者：「你知道我的襯衫袖扣在哪裡嗎？」對這種刺激比較恰當的反應也是從成人自我到成人自我（A－A）：「的確應該談談，我也想知道為什麼！」或：「袖扣在桌子上。」如果對方的反應是暴怒，例如：「你總是批評我，跟我爸一樣！」或：「你什麼事情都要怪我。」這就是從兒童自我到父母自我的回應（C－P），而且就像交錯溝通圖（圖3）所顯示，兩個溝通向量交叉了。在這種情況下，成人自我狀態關於飲酒或袖扣的問題被擱置，除非溝通的向量重新排列。然而重新排列會出現各種情況，慢則持續數月，就像上述飲酒的例子；快則幾秒鐘，就像袖扣的例子。不是溝通發起者進入父母自我狀態，且與反應者突然啟動的兒童自我狀態進行互補溝通，就是反應者的成人自我狀態被重新啟動，而和溝通發起者的成人自我狀態進行互補溝通。

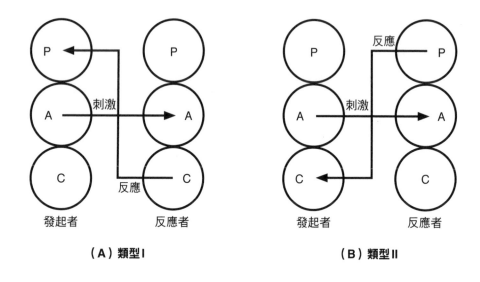

圖3 交錯型溝通

　　若和女傭討論洗碗事宜時，她突然表示抗議，有關洗碗的「成人自我－成人自我」的談話就會結束；接下來只會出現「兒童自我－父母自我」的對話，或者討論另一個成人自我的話題，也就是討論是否繼續雇用她。

　　相對於「交錯溝通I型」，「圖3（B）」表示的便是精神分析師所熟知的「反移情」（counter-transference）反應。此時個案作出客觀的成人自我觀察，而治療師的回應就像是父母在對孩子說話，從而導致溝通向量之間交錯，這便是「交錯溝通II型」。在日常生活中的例子是，一方問：「你知道我的襯衫袖扣在哪裡嗎？」而另一方的反應是：「你為什麼不管好你自己的東西？」「你已經不是小孩子了。」

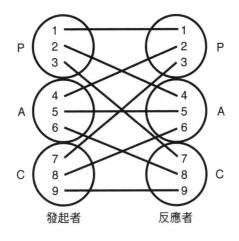

圖4 人際關係示意圖

「圖4」是「人際關係示意圖」（relationship diagram），顯示了在溝通發起者和反應者之間可能存在的九種社交行為向量，此圖具有一些有趣的幾何學（拓撲學）特性。兩個「在心理上對等」的人之間的互補溝通表現為$(1-1)^2$、$(5-5)^2$和$(9-9)^2$。另外三種互補溝通分別是：$(2-4)$ $(4-2)$、$(3-7)$ $(7-3)$和$(6-8)$ $(8-6)$。其他的「刺激－反應」向量組合都是交錯溝通，且大部分情況都如圖中所示，溝通向量之間相互交叉：例如$(3-7)$ $(3-7)$，這種溝通會導致兩個人怒氣衝衝的對視、彼此不說話。如果兩人都不肯退讓，這場溝通就會結束，他們也必然會分開。這種情況最常見的解決方法是一個人讓步並且採取$(7-3)$溝通，從而產生「吵鬧」這個心理遊戲；對此更好的解決方法是$(5-5)^2$，也就是兩個人都不禁大笑起來或者相互握手。

3.隱藏溝通：單一溝通，但有兩個以上自我狀態參與的溝通模式

　　簡單的互補溝通通常出現在表面化的工作關係和社會關係之中，也很容易被簡單的交錯溝通干擾。實際上，表面化的人際關係可以定義為「局限於簡單互補溝通」的關係。這種關係一般表現在活動、儀式和消遣之中。更為複雜一點的是「隱藏溝通」（ulterior transaction）——有兩個以上自我狀態參與溝通活動——這類溝通也是心理遊戲的基礎。銷售員特別擅長「角型溝通」（angular transaction），這種溝通牽涉到三個自我狀態。以下交流便是一個簡單而戲劇化的銷售心理遊戲例子：

　　銷售員：「這個更好，但是妳買不起。」

　　家庭主婦：「我就要這個。」

　　「圖5（A）」分析了以上溝通。銷售員在成人自我狀態之中陳述了兩個客觀事實：「這個更好」和「妳買不起」。表面上，或者在溝通的社會層面上，這兩個陳述都指向家庭主婦的成人自我，家庭主婦的成人自我反應本應是：「你說的這兩點都是對的。」但是，銷售員的隱藏溝通或心理層面的溝通向量，則是從其訓練有素且經驗豐富的成人自我狀態指向家庭主婦的兒童自我狀態。家庭主婦果然從兒童自我狀態給予反應，這便表示銷售員的判斷是正確的，家庭主婦的兒童自我實際上是在說：「我就要讓這個傲慢的混蛋知道我不比那些有錢的顧客差，我不管這樣做會有什麼經濟上的後果。」兩個層面上的溝通都是互補的，因為她的反應在表面上就像成人自我在確定買賣合約。

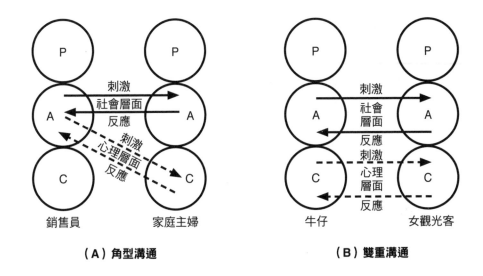

（A）角型溝通　　　　　　　　（B）雙重溝通

圖5 隱藏溝通

「雙重隱藏溝通」（duplex ulterior transaction）包含了四個自我狀態，通常表現在調情心理遊戲中。

　　牛仔：「來，看看這座穀倉（barn）❶。」
　　女觀光客：「我從小就喜歡穀倉。」

如「圖5（B）」所示，在社會層面上，這是兩個成人自我關於穀倉的對話，而在心理層面上，這是兩個兒童自我關於性心理遊戲的對話。表面上似乎是成人自我在主導溝通，但就和大部分心理遊戲一樣，決定結局的

❶　譯注：「barn」在英文俚語中帶有性色彩，例如「barney」暗指男性生殖器，而「barn-yard」也有下流之意。此番對話的隱蔽意義也可理解為「我們來做一點有趣的事」、「好啊，我就愛做這件事」。

是兒童自我狀態，而且參與的玩家，屆時會相當驚訝。

　　溝通可以分為「互補溝通」或「交錯溝通」，「簡單溝通」或「隱藏溝通」，而隱藏溝通可再細分為「角型溝通」和「雙重溝通」兩種亞型。

第 **3** 章

溝通中的程式和儀式

Procedures and Rituals

溝通中,來自自我狀態的「程式」,
與來自外部力量的「儀式」

通常,溝通是連續的,其發展順序並非隨機,而是程式化的。程式化有三種來源:父母自我狀態、成人自我狀態,以及兒童自我狀態;若從更廣泛的角度來看,程式化源於社會、物質或個體特性。出於適應的需要,兒童自我會被父母自我或成人自我保護起來,直到每一個社交情境都被檢查過,因此,兒童自我的程式化最容易出現在(父母自我和成人自我)已對其進行初步檢查的私密和親密的情境之中。

1.溝通中的「程式」:成人自我指向現實操作、簡單的互補溝通

最簡單的社會活動形式是「程式」(procedure)和「儀式」(ritual)。其中有些是全球性的,有些則具有地域性,但是無論如何,我們都應該去

了解。「程式」是一系列成人自我狀態指向現實操作的簡單互補溝通❶。根據定義，現實有兩個方面：靜態和動態。「靜態的現實」（static reality）包含了宇宙萬物所有可能的安排。例如，算數就是由陳述靜態現實所組成。「動態的現實」（dynamic reality）則可定義為宇宙中所有能量系統相互作用的可能性。例如，化學便是由陳述動態現實所組成。程式的基礎是資料處理現實物質和評估其可能性，並且在專業技術中達到其最高發展。駕駛飛機和切除闌尾都是程式。心理治療在治療師的成人自我狀態控制下進行時，是一種程式，但是如果治療師被父母自我或兒童自我狀態所掌控，治療便不再是程式。程式的程式化由物質材料所決定，並以成人自我主導的評估為基礎。

有兩個變數可用於評估程式：效率（efficient）和效能（effectiveness）。如果實施程式的人能在最大程度上運用其可用的資料和經驗，無論他具有怎麼樣的知識缺陷，其程式都是「有效率的」。如果父母自我或兒童自我狀態干擾了成人自我狀態的資料處理過程，其程式就受到了汙染，效率也會降低。程式的效能則可透過其實際結果來判斷。因此，效率是一個心理學指標，而效能則是一個物質性指標。在熱帶小島上，當地的醫師助手精通白內障摘除術。他運用知識的效率很高，但是因為他所懂的不如來自歐洲的醫師，所以他的手術效能沒有那麼好。而當歐洲醫師開始酗酒，他的效率降低了，但是一開始其手術效能並沒有下降。然而數年以後，歐洲醫師的手開始發抖，他的助手在效率和效能兩個方面都超越了他。這個例子可以看出，這兩個變數最好都由熟悉此程式的專家進行評估——根據對程式實施者的個人了解來評估其效率，透過調查實際結果來評估其效能。

---

❶　譯注：簡單溝通不存在隱藏溝通。

2. 溝通中的「儀式」：被外部社會力量所設定，且固定成規的簡單互補溝通

從目前的觀點來看，**儀式是一種被外部社會力量所設定且固定成規的簡單互補溝通**。非正式的儀式，例如社交告別儀式，儘管基本形式一致，但在細節上可能有很多地域性差異。而正式的儀式，例如羅馬天主教的彌撒，則很少允許變化。儀式的形式是由父母自我狀態中的傳統力量所決定，而更現代的「父母自我狀態」，只在一些不重要的方面對儀式有類似但不穩定的影響。很多具有歷史價值或人類學意義的正式儀式都有兩個階段：

【階段1】 在父母自我狀態嚴格約束下進行溝通的階段。

【階段2】 在父母自我狀態允許下，兒童自我狀態或多或少進行完全自由的溝通並造成狂歡。

許多正式儀式在一開始是相當有效，但遭到嚴重汙染的程式，隨著歲月流逝和環境變化，它們失去了所有程式上的有效性，而只保留其作為信仰行為的作用。在溝通中，它們體現了順從傳統父母自我要求，以減輕罪惡感或尋求獎賞。正式儀式提供了一種安全、讓人放心的（如驅邪儀式），且通常是有趣的結構化時間的方法。

對介紹心理遊戲分析而言，更有意義的是非正式儀式，而美國式的問候儀式特別適合在這裡的討論。

1A：「嗨！」（哈囉，早安。）

1B：「嗨！」（哈囉，早安。）

2A：「今天天氣滿暖的吧？」（你好嗎？）

2B：「對啊。不過看起來快要下雨了。」（我很好，你呢？）

3A：「哦，保重。」（也不錯。）

3B：「嗯，改天見。」

4A：「再見。」

4B：「再見。」

　　顯然，這些溝通並非為了傳達資訊。不僅如此，如果真的需要傳達什麼訊息，在這個時候也最好先放一邊。A先生可能要花十五分鐘時間來訴說他的情況，而與他只有點頭之交的B先生卻不想花這麼多時間來聽他說話。「八個安撫交換儀式」就足以概括這一系列溝通特點（如同上面這段對話）。如果A先生和B先生有急事，兩個安撫交換儀式便已經足夠：「嗨－嗨」。如果他們是舊時代的東方權貴，可能要先進行一次兩百個安撫交換儀式才能坐下來談正事。此外，用溝通分析術語來說，A先生和B先生都輕微的促進了彼此的健康：至少在這一刻，「他們的脊髓不會皺縮」，而且雙方都心存感激。

　　這種儀式以溝通雙方仔細並具直覺性的估算為基礎。在相識階段，他們明白每次見面只需給對方四個安撫，而且最多一天一次即可。如果他們很快又見面了，例如接下來的半個小時之內，且雙方沒有什麼資訊需要溝通，他們可能不會做任何表示就擦肩而過，或者略微點頭做為表示，最多也就是隨口說一聲「嗨」。這種計算不僅會在短期內維持，也能延續數個月的時間。以C先生和D先生為例，他們每天相遇一次，每次交換一個安撫──「嗨－嗨」──然後各走各的路。C先生外出度假一個月，回來後就像平常一樣遇到D先生。如果這個時候D先生只是說了一聲「嗨」，便不再有其他表示，C先生就會覺得不舒服，「他的脊髓會輕微皺縮」。因

為根據C先生的計算，D先生和自己需要彼此交換三十個安撫。只要他們的溝通夠有力，就能將這麼多安撫壓縮到有限幾回合的溝通之中。D先生可以說一些例如下方所列的話（在這些話中，每一個單位的「強度」或「興趣」就等於一個安撫）：

1D：「嗨！」（1個單位）

2D：「最近都沒有看到你。」（2個單位）

3D：「哦，原來如此！你去哪裡了？」（5個單位）

4D：「哈，那真有趣。感覺怎麼樣？」（7個單位）

5D：「你看上去氣色很不錯。」（4個單位）／「你的家人也一起去了嗎？」（4個單位）

6D：「噢，很高興看到你回來。」（4個單位）

7D：「再見。」（1個單位）

就這樣，D先生總共給予了二十八個單位的安撫。他和C先生都知道，還缺少的那幾個安撫會在第二天補上，因此，出於實際目的，雙方的溝通帳目已經清除❷。兩天後，他們又回到原來的兩個安撫交換儀式：「嗨－嗨」。不過，現在他們「對彼此有了更深入的了解」，例如知道對方是個可靠的人，若他們在「社交場合」相遇，知道這一點會很有幫助。

　　與上述相反的情況也值得考慮。例如E先生和F先生已經建立了一種「兩個安撫」的交往儀式，也就是互相道一次「嗨」。有一天，E先生不像過去那樣簡單互道「嗨」便走開，而是停下來問：「你好嗎？」以下展示了兩人的談話過程：

---

❷　譯注：彼此欠對方的三十個安撫。

1E：「嗨！」

1F：「嗨！」

2E：「你好嗎？」

2F（迷惑）：「我很好，你呢？」

3E：「我一切都好。今天天氣很暖和吧？」

3F：「是啊，」（謹慎）「不過看起來快要下雨了。」

4E：「又見到你了，真高興。」

4F：「我也是。不好意思，我得趕在圖書館關門前到那裡。再見。」

5E：「再見。」

F先生一面匆匆離開，一面在心裡對自己說：「他怎麼突然這樣了？他是要推銷保險還是什麼東西嗎？」用溝通分析的術語來解讀他的意思是：「他只需要給我一個安撫，為什麼要給我五個？」

有一個更簡單的例子能夠表現出這種簡單儀式就像做生意一樣的交換本質。G先生說：「嗨。」但H先生沒有任何回應便走了過去。G先生的反應是：「他怎麼了？」而用溝通分析術語來說，G先生的意思是：「我給了他一個安撫，他卻沒有回給我一個。」如果H先生繼續這樣做，並且對其他熟人也是如此，就會引來社交圈裡的一些議論。

3. 不同的自我狀態起源，區別了溝通中的「程式」與「儀式」

有時候，在某些模稜兩可的情況下，程式和儀式難以區分。非專業人士容易將專業程式當作儀式，儘管程式當中的每一個溝通都建立在合理甚

至是關鍵性的經驗之上，但是外行人還是缺少相應的背景知識來認知這一點。相反的，專業人士往往合理化依附在程式之上的儀式成分，並且以外行人不理解為由，而不去考慮他們的懷疑。保守的專業人士用來抵制新程式的方法之一，就是嘲笑這些新程式是儀式。塞麥爾維斯（Ignaz Philipp Semmelweis）和其他改革者的命運就是這樣❸。

程式和儀式的本質和相似的特質，在於它們都是固定的模式。一旦開始了第一個溝通，接下來便會進行預定好的過程，最終走向注定的結局，除非發生特殊情況，否則整個溝通過程都可預測。**程式和儀式之間的差別在於其預先決定的起源：程式源於成人自我狀態的程式化安排，儀式則是父母自我狀態程式化的結果。**

對儀式感到不舒服或者不熟悉的人，有時候會用替代性的程式來逃避它們。比方說，這樣的人在聚會中往往喜歡幫女主人準備食物、酒水，或幫忙招待其他客人。

---

❸ 譯注：匈牙利醫生，他發現醫生在接生前洗手可降低「產褥熱」（puerperal fever）的發病率，故而要求改善產房衛生，例如接生前用漂白水消毒雙手和產科用具，但是卻遭到保守勢力責難和反對。在他逝世十多年後，人們發現了鏈球菌等化膿性細菌，因此確認了產褥熱的病原與傳播途徑，此時塞麥爾維斯的觀點才得到醫學界的普遍認可和推崇。

第 **4** 章

溝通中的消遣
Pastimes

結構化時間、安撫、穩固心理地位
所造就的簡單互補溝通

1.「消遣」，圍繞著特定主題領域展開一系列、半儀式性的簡單互補溝通

　　「消遣」發生在複雜多樣的社交場合與臨時性交往之中，故其本身也是複雜多變的。但是如果將溝通作為社交單位，就可以把相應的社交情境分解為一個又一個可簡單稱之為「消遣」的實體。**消遣可以定義為圍繞著特定主題領域展開的一系列、半儀式性的簡單互補溝通，其首要目的是結構化一段間歇時間。**這段間歇期的開始和結束，通常都是以程式或儀式為代表。消遣中的溝通都已經得到適應性的安排，因而消遣中的每個人在間歇期可以獲得最大獲益。愈適應這種溝通，能從中獲得的就愈多。

　　消遣通常出現在派對聚會當中（社交聚會）或者出現在團體聚會正式

---

❶　譯注：伯恩所謂的團體聚會通常是指團體治療。

開始前的等待階段；團體聚會開始前的等待時期擁有與派對聚會相同的結構和動力。消遣可採取「閒談」的形式，也可以更嚴肅，例如辯論。大型的雞尾酒會就像一個展示各種消遣的畫廊，房間的一角有一群人在開「家長會」（Parent-Teacher Association，縮寫PTA），而另一角則在開「精神病學」討論會，第三個角落在上演「曾經去過」或「後來怎麼樣了」的好戲，第四個角落在討論「汽車」，自助吧檯則是為玩「廚房」或「衣櫥」消遣的女士所準備的。這種類型的聚會，進行的過程幾乎都相同，只不過聚會場所和名目有所變化。同一個地區可能會有多個類似的聚會在同時進行，另一個社會階層中也可能在進行著不同類別的消遣聚會。

2. 從社會學、溝通分析、心理學來看「消遣」對人類生命的意義

社會學分類：依據性別、年齡、婚姻狀況、文化等外部因素

消遣可以用不同方式來分類，社會學分類所依據的是外部決定因素（性別、年齡、婚姻狀況、文化、種族或經濟狀況）：「汽車」（談論和比較汽車）和「誰贏了」（體育運動）都是「男人的話題」。「日用百貨」、「廚房」和「衣櫥」都是「女人的話題」——這在南太平洋地區被稱為「瑪麗的話題」（Mary Talk）。青少年的消遣是「親熱」，而一旦消遣的主題轉為「財務狀況」，就意味著人開始步入中年。這種社會階層中的另一些消遣則是「閒聊」的各種變體，如「怎麼樣（做某事）」，這樣的消遣很容易打發短程飛機旅途中的時間；「（這個要花）多少錢」，是中產階級下層酒吧最喜歡的消遣；「曾經去過（某些懷舊的地方）」則是像銷售員這樣的

「老手」玩的中產階級心理遊戲；孤獨的人所玩的消遣是「你知道（某某人或某某事）嗎」；經濟上成功或失敗者都喜歡談論「（老好人喬伊）後來怎麼樣了」；「酒醒之後（多猛烈的一次宿醉）」和「馬丁尼（我知道有個更好的方法）」是某些雄心勃勃的年輕人所熱中的話題。

結構－溝通分析分類：從不同的自我狀態來分類

對消遣進行的「結構－溝通分析式」分類，是一種更個性化的分類方法。因此，「家長會」（PTA）就有三個層次。在「兒童自我－兒童自我」層次上，這個消遣的形式是「你怎樣應對頑固的父母」；而「成人自我－成人自我」形式是比較適當的，在知識豐富的年輕媽媽之間較為流行；年長者往往會進行較為武斷的「父母自我－父母自我式」家長會，例如討論「青少年犯罪」。有些已婚夫婦會玩「親愛的告訴他們」這種心理遊戲，此時妻子是父母自我式，而丈夫則表現得像個早熟的兒童。「媽媽你看，我不用手哦」❷是一種「兒童自我－父母自我」消遣，適合任何年齡階段的人，這種消遣有時候也會變成用不好意思的口吻說：「哦，朋友們，哪有這回事。」

心理學分類：投射型與內攝型分類

消遣的心理學分類更具說服力，例如「家長會」（PTA）和「精神病學」都可分為投射型（projective）和內攝型（introjective）❸。以下的「父母自我－父母自我式」對話，是家長會中投射型的例子，其分析可見「圖6

---

❷ 譯注：一種炫耀式的談話，就像孩子向母親炫耀自己「不用手扶便能騎車」。
❸ 譯注：投射型消遣將話題指向他人，內攝型消遣將話題引向自身。

（A）」：

A：「如果家庭沒有破裂，就不會發生這些犯罪。」

B：「而且，現在的家庭就算保持完整，也沒有人像過去那樣教孩子們懂得有禮待人。」

在家長會中，內攝型則會如下面的對話（成人自我－成人自我）：

C：「我好像不是一個稱職的母親。」

D：「不論妳多努力，孩子都不會像妳希望的那樣成長，所以妳不得不常常想自己是不是做對了，又或者擔憂自己是不是犯了什麼錯。」

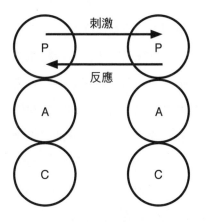 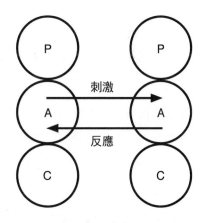

（A）家長會中的投射型：青少年犯罪　　**（B）精神病學中的內攝型：精神分析**

圖6 消遣

在精神病學中，投射型消遣的「成人自我－成人自我式」範例如下：

E：「我認為是某些潛意識的口慾挫折導致他那樣做。」

F：「你好像將自己的攻擊性很好的昇華了。」

「圖6（B）」表現的是精神病學中的內攝型，這是另一種「成人自我－成人自我式」消遣。

G：「對我來說，畫畫象徵著詆毀。」

H：「對我來說，畫畫是為了討好我的父親。」

3. 除了結構化時間與安撫，消遣還具有「社交選擇」功能

消遣除了實現溝通者時間的結構化和相互提供可接受的安撫之外，還有社交選擇的功能。在消遣進行的過程中，每個人的兒童自我都在仔細評估其他人的潛力。在聚會結束的時候，所有人都已經做出選擇，希望能和某些人更深入的交流，而不考慮其他人。**這種選擇和消遣參與者的溝通能力或愉悅度無關，他所選擇的人是最有可能與之建立更複雜心理遊戲關係的候選人。**他的選擇和分類無論在表面上有多合理，其實大部分都源自無意識和直覺。

在某些特殊情況下，成人自我狀態在選擇物件的過程中會凌駕於兒童自我狀態之上。最典型的例子是已學會利用社交消遣的保險業務。在參與消遣的過程中，他的成人自我會留意合適的人選，然後把他們挑出來作為進一步溝通的對象。「候選人」是否能熟練的玩心理遊戲，或者是否與他意氣相投，都與他的選擇無關。他的選擇在大部分情況下是基於外在因

素，例如對方的經濟能力是否能買保險。

消遣還有一個非常特殊的方面，那就是「排他性」，例如「男人的話題」和「女人的話題」不能混和。沉浸在「我曾經去過（那裡）」的人，會因為有人插進來談「（鱷梨）多少錢」或「酒醒之後」而感到不悅。玩投射型家長會」的人會討厭玩「內攝型家長會」之人的干擾，儘管其反應通常不如相反情況那麼強烈。

消遣形成了選擇熟人的基礎，而且可能產生友誼。一群家庭主婦每天早上聚在一起喝咖啡談論「失職的丈夫」。若有一個新搬來的鄰居想談論「荷包蛋只煎一面」，那麼她們對這個人的態度就會很冷淡。如果在她們談論自己的丈夫有多差勁的時候，新鄰居卻大談自己的丈夫有多棒，這會讓她們很不舒服，事實上，她們也不願意讓她繼續待下去。因此，在一個雞尾酒會上，如果有人想從一個角落轉移到另一個角落，他就必須加入這個初來乍到之地所玩的消遣，否則他就必須將整個過程扭轉到另一個消遣上。當然，一個厲害的聚會主持者會在此時立刻控制局面，例如說：「我們正在玩投射型的家長會，你想說些什麼嗎？」或者說：「嘿，小姐太太們，妳們在『衣櫥』這個話題上已經討論得夠久了，J先生是一位作家／政治家／外科醫生，我相信他想玩『媽媽你看，我不用手哦』，是不是呢，J先生？」

4. 消遣對人類的重要獲益：確認自己的角色與心理地位

消遣還能帶來另一項重要的獲益，那就是確認自己的角色和穩固自己的心理地位。「角色」（role）有點像榮格（Carl Jung）所說的「人格面具」

（persona），只不過其機會主義成分更少，且更深入的植根於一個人的幻想之中。因此，在投射型家長會消遣中，一個人可以扮演強硬的父母角色，也可以扮演正直的父母、縱容的父母，或者助人的父母角色。這四種角色都在經歷和展現父母自我狀態，但是每種角色所代表的是不同的自己。當其中某一種角色占優勢時，它就得到了確認——也就是說，在扮演這種角色的時候沒有遭遇對抗，或者被其所遭遇的對抗強化，又或者被某些人的安撫所認可。

角色的確認可以穩定一個人的「心理地位」（position），這便是消遣的「存在需求獲益」。心理地位往往是人內心一句簡單的斷言，但它可以影響一個人所有的溝通；從長遠來看，它會決定一個人的命運，甚至可以決定其後代的命運。心理地位多少有些絕對，產生投射型家長會的典型心理地位是「孩子都很壞！」「其他孩子都很壞！」「孩子都很可憐！」和「孩子都受到了迫害！」這些心理地位會產生相應的強硬、正直、縱容和助人的父母角色。實際上，心理地位主要表現為「心理態度」（attitude），人會帶著這種態度進行一系列溝通，從而構成其角色。

心理地位形成和固化的時間出奇的早，通常在1歲或2～7歲之間——在這個階段，人無論如何都缺乏足夠的能力或經驗來承擔這麼嚴肅的決定。從一個人的心理地位不難推測其擁有什麼樣的童年，除非有事情或者有人干涉，否則**人盡其餘生都會不斷穩固其心理地位，並且用各種方式去應對威脅其心理地位的情境**：逃避、抵抗某些成分或者透過策略性的方式來操縱它們，將其從威脅轉化為支持自己的心理地位。消遣如此刻板化的原因之一便在於，它們是為「固著」的目的（確認角色或穩定心理地位）服務。而消遣所提供的獲益說明了人們為什麼如此熱中於它，以及為什麼與那些處於建設性或善良心理地位的人一起消遣會如此愉悅。

消遣有時候難以和活動區分，兩者常常聯合出現。很多尋常的消遣，例如「汽車」，是由心理學家所謂的「多項選擇－句子完成」的溝通所構成。

A：「比起福特／雪佛蘭／普利茅斯車，我更喜歡福特／雪佛蘭／普利茅斯車，因為……」

B：「哦，好吧。比起福特／雪佛蘭／普利茅斯車，我更喜歡福特／雪佛蘭／普利茅斯，因為……」

顯然，這種固著不變的消遣過程，實際上還是傳遞了一些有用的資訊。

還有一些常見的消遣需要提及。「我也是」通常是「這難道不夠糟嗎」的變體；「他們為什麼不（為此做點什麼）」是那些不願從男權控制下解放出來的家庭主婦們的最愛；「然後我們將……」是一種「兒童自我－兒童自我式」消遣；「讓我們（找點樂子）」是青少年罪犯或行為不端的成年人所玩的消遣。

第**5**章

心理遊戲
Games

─── ❧ ───

運用溝通分析，

拆解日常生活中的心理遊戲

─── ❧ ───

1. 心理遊戲的定義：一系列朝著明確、可預測結局連續進行的互補式隱藏溝通

「心理遊戲」（game）是一系列朝著明確、可預測結局連續進行的互補式隱藏溝通。可以將心理遊戲描述為一套重複發生的溝通，表面合理但潛藏了內在動機；若用更通俗一點的說法，心理遊戲就是一系列暗藏陷阱或機關的「溝通步驟」（move）❶。心理遊戲與程式、儀式以及消遣之間，最明顯的區別有兩點：（1）心理遊戲在本質上的隱蔽性；（2）「結果」（payoff）。程式是成功的、儀式是有效的、消遣是有益的，就定義而言它們都是「坦承」❷的；這些活動可能具有競爭性，但不會產生衝突；結局

---

❶ 譯注：玩家所展開的每一個步驟，就如同在下棋或打牌中所走的每一步。
❷ 譯注：程式、儀式和消遣都是簡單溝通，不存在隱蔽動機。

也許轟動，但絕無戲劇性。與此相反，每一個心理遊戲基本上都是不誠實的，其結局也頗具戲劇性而不僅僅是令人激動的。

「操作」與「心理遊戲」的區別

　　還有一種社會行為至今尚未討論，在此有必要將它和心理遊戲區分。**「操作」（operation）是為了一個具體而公開的目的，所進行的一次或一系列簡單的溝通。**如果某人坦誠的要求得到他人的保證並且如願以償，這就是一種操作。若一個人要求得到保證，得到後卻透過某種方式就此給對方造成不利影響，這就是一個心理遊戲。心理遊戲在表面上就像一系列操作，但是觀其結局，可以明顯看到這種「操作」實際上是一種「操縱」（manoeuvre）；人在心理遊戲中不會誠實表露自己的真實要求，只有暗藏機關的步驟。

　　例如，在「保險」遊戲的談話過程中，不管保險業務表面上做了什麼，如果他是一個心理遊戲高手，他真正做的是在為自身謀利益。如果他有能力，最後他就可以大賺一筆。這同樣適用於「房地產」心理遊戲、「睡衣」遊戲（pajama game）❸和一些類似的職業。因此，在一個社交聚會中，當有銷售員參與消遣，尤其是「財務狀況」消遣的各種變體時，他的熱情參與可能隱藏了一系列熟練的操縱，以得到與他的職業興趣有關的資訊。有數十種商業雜誌致力於改進商貿活動中的操縱，這些雜誌展示了大量傑出的遊戲玩家（那些做了一筆不尋常大生意的有趣經營者）和心理遊戲。從溝通分析的角度來看，它們只不過是《運動畫刊》（*Sports Illustrated*）、

---

❸ 譯注：1950年代根據理查‧畢索（Richard Bissell）的小說所改編的百老匯音樂劇，後被搬上大銀幕。故事主角為睡衣工廠主管，為查明工人工資問題而引誘工廠老闆的祕書，最後查明真相。

《西洋棋世界》（*Chess World*）以及其他體育雜誌的翻版而已。

角型溝通：在成人自我控制下為了獲得利益、有意識設計的精準心理遊戲

接著我們來看「角型溝通」，它也是心理遊戲，是在成人自我狀態的控制下為了獲得最大化利益、有意識設計的專業而精準的心理遊戲──曾在二十世紀早期盛行的大型「詐騙」遊戲，其精細的施行計畫和精湛的心理學技藝，至今難以超越[1]。

不過我們這裡要關注的是，不知情的個體在無法完全覺察的情況下進行溝通時所玩的「無意識心理遊戲」，而這類心理遊戲是全世界社交生活最重要的組成部分。心理遊戲具有動態特點，所以很容易和靜態且源自於某種心理地位的態度區分。

「心理遊戲」一詞不應該讓讀者產生誤解。我在導讀中已經指出，心理遊戲並不意味著好玩或有趣。很多銷售人員並不覺得他們的工作好玩，這在米勒（Arthur Miller）的話劇《推銷員之死》（*Death of a Salesman*）中已經表達得十分清楚。「遊戲」也不乏嚴肅性，如今大家已經非常嚴肅的看待足球遊戲，而諸如「酒鬼」（Alcoholic）或「第三級挑逗」（Third-Degree Rapo）這樣的交互性遊戲，也應該得到更嚴肅的對待。

「玩」（Play）這個詞也一樣，「玩」過激烈的撲克遊戲或者長時間「玩」股票的人都知道其嚴肅性。人類學家熟知「遊戲」和「玩」可能具有的嚴肅性，以及其結果的嚴重程度。曾經出現最複雜的遊戲，就像司湯達（Stendhal）在小說《巴馬修道院》（*The Charterhouse of Parma*）中所描述的「諂媚者」那樣，嚴肅而致命。還有一種最殘酷的遊戲，那就是「戰爭」。

2.拆解典型心理遊戲：「要不是因為你」遊戲

夫妻之間最常見心理的遊戲可俗稱為「要不是因為你」（If It Weren't For You，縮寫IWFY），我們用以下案例說明心理遊戲的一般特點：

懷特夫人抱怨，因為丈夫嚴格限制她的社交活動，所以她一直無法學會跳舞。心理治療令她的態度有所轉變，丈夫也因此變得不那麼自以為是，對她也更為寬容。現在懷特夫人可以自由的擴大社交圈，她報名參加舞蹈班，結果失望的發現她對舞池懷有「病態」的恐懼，最終不得不放棄這個學習計畫。

這次不成功的冒險經歷，連同其他類似的情況，暴露出懷特夫人婚姻生活中的一些重要特點。她從所有求婚者中選擇了一個專橫的男人為丈夫，隨後她就可以處在一個抱怨者的位置上，稱「要不是因為丈夫」自己本可以做各式各樣的事情。她有很多女性朋友也選擇了極權專橫的丈夫，所以當她們早晨聚在一起喝咖啡時，就可以花大量時間玩「要不是因為丈夫」的遊戲。

然而和她的抱怨恰好相反，丈夫實際上是在為她服務——禁止她做那些其實令她非常害怕的事情，甚至防止她意識到自己的恐懼。這正是她的兒童自我選擇這樣一位丈夫的精明之處。

不過事情還不止如此。丈夫的限制和她的抱怨經常導致雙方爭吵，他們的性生活也因此受到嚴重影響。丈夫因為內疚經常幫妻子買禮物——如果沒有這些爭吵和內疚感，他絕對不會做這種事情；毫無疑問，當他給予妻子更多自由時，就不會那麼頻繁和慷慨的送她禮物了。除了家庭瑣事和孩子外，懷特夫人和丈夫幾乎沒有共同話題，所以他們的爭吵便成為格外重要的事情——這種爭吵主要發生在那些連最普通的閒談，他們也不願意

進行的場合。無論如何，懷特夫人的婚姻生活至少證明了她始終堅持的一點：男人都是卑劣且專橫的。這種態度可能與兒童時期煩擾她的性虐幻想有關。

我們有很多方法大致描述這個心理遊戲。顯然，它屬於「社會動力學」（social dynamic）這一大領域。其基本事實在於，透過婚姻，懷特先生和懷特太太才有機會溝通，這種機會被稱為「社會接觸」（social contact）。他們利用這個機會將家庭變成一個社會集合體，這和紐約地鐵形成鮮明對比，人們在那裡只有空間上的連結，而很少利用這個機會建立社會接觸，從而形成的是一種「非社會性的集合體」（dis-social aggregation）。懷特夫婦之間的行為刺激和反應構成了「社會行動」（social action）。

不同學科會從不同角度探討這種社會行動，而由於我們關注的是參與者的個人史和心理動力學，所以我們所使用的方法屬於「社會精神病學」（social psychiatry）；對於所研究的遊戲其「健康性」，我們也有一些潛在的判斷。這和社會學以及社會心理學那些更中立、不介入的態度多少有些不同。精神病學保留了說：「等一下！」的權利，其他學科則否。溝通分析是社會精神病學的一個分支，心理遊戲分析又是溝通分析的一項具體內容。

實務中的心理遊戲分析要處理的是「在具體情境下出現的具體案例」。理論上的心理遊戲分析則試圖抽取並概括不同心理遊戲的特徵，這樣就可以從心理遊戲的暫時性言語內容和文化背景獨立出來，並加以識別。例如，分析「要不是因為你」的婚姻型心理遊戲時，應指出其基本特徵，這樣無論該心理遊戲出現在新幾內亞的叢林村落中，還是在紐約曼哈頓的高

級公寓裡，無論心理遊戲涉及的是婚禮聚會，還是因為送孫子一根釣魚竿所產生的金錢問題，也不管遊戲玩家的每一個步驟是坦率還是隱晦，都可以根據夫妻之間所允許的坦誠程度很容易的識別出此心理遊戲。

　　社會學或人類學研究的是心理遊戲在某個社會的流行率。心理遊戲分析作為社會精神病學的一部分，我們只在心理遊戲實際發生時，才有興趣進行分析，而不考慮其發生的頻率。這種差異並不複雜，就像公共衛生學和內科醫學之間的差異：無論是在熱帶叢林還是曼哈頓城市，公共衛生學關注的是瘧疾的流行情況，內科醫學研究的則是罹患瘧疾的人。

目前最佳的心理遊戲分析方案

　　以下提出的，是目前進行心理遊戲理論分析最有用的方案。毫無疑問，隨著進一步累積新知識，這些方案也將改進。首先要識別出符合心理遊戲診斷標準的特定操縱行為序列，接下來要盡可能收集該心理遊戲的實例，然後抽取這些例子中共同且顯著的特點，這樣心理遊戲的一些本質特徵就會浮現。最後為該心理遊戲確定標題，據此進行分類，其標題要在目前的知識狀況下盡可能具有意義和啟發性。心理遊戲分析是從「它」（it）❹的視角進行──在這個遊戲中，「它」就是懷特夫人。

・論述（thesis）

　　「論述」是對心理遊戲的總體描述，包括一系列連續發生的事件（社會層面），以及與這些事件有關的心理背景、發展及意義方面的資訊（心理層面）。

---

❹　譯注：遊戲主角。

・反遊戲（antithesis）

　　對特定序列的溝通構成了某心理遊戲「反遊戲」這個假設，在沒有得到確切證實之前，依然只是暫時性的設想。透過「拒絕玩這個心理遊戲」，或者阻斷其結局報償，就可以確認這個心理遊戲。當另一方拒絕玩心理遊戲或阻斷其所需的報償後，遊戲的主角（它）將花更多努力試圖使該遊戲繼續下去。若對方堅決拒玩心理遊戲，或者結局報償被成功阻斷，遊戲主角將陷入一種「絕望」（despair）之中，這種狀態在某些方面與「憂鬱」（depression）類似，但是兩者有明顯差異。絕望感更為急切，包含了受挫和困惑。例如它可以透過突發、不知所措的流淚表現出來。在成功的治療情境之下，它很快可以被幽默的笑聲所替代，這意味著成人自我狀態認知到：「哈，我又這樣了！」因此，絕望是「成人自我狀態」在擔憂，而憂鬱則是「兒童自我狀態」在掌控人的心靈。對環境所懷有的希望、熱情以及鮮活的興趣與憂鬱對立，而發笑則是絕望的反面。心理治療中的心理遊戲分析在本質上是充滿樂趣的。對抗IWFY遊戲的則是「許可」，只要丈夫繼續禁止妻子，該遊戲就會繼續發生。如果丈夫將「妳居然敢這樣做！」換成對妻子說「去做吧！」那妻子潛藏的恐懼就會暴露，此時她便無法像懷特太太之前那樣把這一切都歸咎於丈夫。

　　若要更清楚理解某個心理遊戲，就應該認知到「如何對抗該遊戲」並「在實踐中證明其效力」。

・目的（aim）

　　用來簡單陳述心理遊戲的總體目的。有時候一個心理遊戲也可能有其他目的。IWFY遊戲的目的不是尋求安心（不是因為我害怕，而是因為他不讓我去做），就是自我辯解（不是我不努力，而是因為他阻攔我）。此心理遊戲更

明顯的功能是讓妻子安心，也與她的安全需要更為一致；所以，簡單而言，IWFY的總體目的就是「尋求安心」。

・角色（roles）

如前所述，自我狀態不是角色，而是現象。因此在正式描述中必須區分自我狀態和角色。根據心理遊戲中角色的數量，可將其分為雙人遊戲、三人遊戲或多人遊戲等。有些情況下，玩家的自我狀態與其角色一致，有時則不會。

IWFY是一個雙人遊戲，必須有一個受到限制的妻子和一個專橫的丈夫。妻子扮演的角色可以處於謹慎的成人自我狀態之中（最好按照他說的去做），或者是易怒的兒童自我狀態。專橫的丈夫可能維持在成人自我狀態當中（照我說的去做才是最好的），或陷入父母自我狀態（你必須聽我的）。

・心理動力學（dynamics）

每個心理遊戲背後的心理動力學驅動因素可能有多種表達方法，但我們通常只挑選出一種心理動力學概念，以有效、貼切並有意義的概括心理遊戲情境。IWFY遊戲的驅力最有可能源自恐懼。

・範例（examples）

在正式描述心理遊戲前，必須先探索與其同源的早期表現，且研究遊戲的兒童期起源或其嬰兒期原型頗具意義。我們經常發現孩子也會像大人一樣玩IWFY，此遊戲在兒童期的版本與成人時一致，只不過限制他們的不再是丈夫而是現實生活中的父母。

·溝通範式（transactional paradigm）

用心理遊戲的典型情境進行溝通分析，包括分析社會層面和心理層面的溝通，並揭示其隱蔽的溝通內容。在最具戲劇化的形式中，IWFY 在社會層面上是一種「父母自我－兒童自我」溝通。

懷特先生：「妳必須待在家、照顧家庭。」

懷特太太：「要不是因為你，我本來可以在外面玩得很開心。」

然而他們在心理層面的溝通卻很不一樣，是「兒童自我－兒童自我」關係（隱蔽的婚姻交流）。

懷特先生：「我回到家時，妳一定要在家。我很害怕被遺棄。」

懷特太太：「如果你幫我避開那些恐怖的情境，我就待在家裡。」

這兩個層面的溝通，請參考「圖7」的分析。

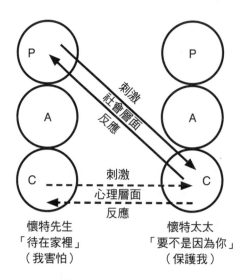

圖7 心理遊戲範例

‧步驟（moves）

　　心理遊戲中走的每一步，大致相當於儀式中的安撫。在任何心理遊戲裡，玩家都將變得愈來愈熟練。多餘的步驟會被取消，每一步都將濃縮更多的目的。遊戲雙方那「美好的友誼」通常基於這樣一個事實，那就是：玩家能夠互補，既有效率又相互滿足，這樣便能透過彼此玩心理遊戲得以用最小的努力獲得最大的收益。某些中間步驟、預防性步驟，或退讓性步驟可以省略，使溝通更為簡練。心理遊戲中的雙方可以節省用於防禦性操縱的精力，投入令心理遊戲表面上更絢爛繁榮的努力之中，這樣一來不僅雙方皆大歡喜，有時候連旁觀者也會覺得高興。對於心理遊戲的進行而言，僅有極少量的步驟是不可或缺的，心理遊戲分析將著重於記錄這些步驟。每個玩家會根據自己的需要、能力或願望來潤色或擴充這些基礎步驟。IWFY遊戲的基本步驟如下：

　　【步驟1】命令－順從（「你必須待在家裡」－「好的」）
　　【步驟2】命令－抗議（「你還是必須待在家裡」－「要不是因為你」）

‧獲益（advantages）

　　心理遊戲的總體獲益在於其維持「穩定」（stabilizing，又稱為「體內平衡」或「恆定」homeostatic）的功能。「安撫」促進了生理恆定，「確認心理地位」則強化了心理恆定。如前所述，安撫具有多種形式，因此心理遊戲的「生理獲益」（biological advantage）可以用觸覺類語言來描述。IWFY遊戲中，丈夫就如同反手給妻子一記耳光（和正面打一巴掌很不一樣，從正面打是一種直接的羞辱），而妻子的反應則像在丈夫的小腿上狠踢一腳。所以IWFY的生理獲益來自於心理遊戲雙方的好鬥性——交換易怒性，是一種雖然痛苦但卻明顯有效且維護神經組織健康的方法。

妻子得以確認自己的心理地位（所有男人都是專橫的），這是一種「存在需求獲益」（existential advantage）。該心理地位也反映了「恐懼症」（Phobias）固有的屈服傾向。心理遊戲背後都潛藏了心理地位，該遊戲便是例證，展開其陳述就是：「如果獨自一人在外、待在人群中，我絕對無法忍受，且一定會屈服於誘惑，而待在家我就不會屈服於誘惑——他強迫我，這表示男人都是專橫的。」因此玩這種心理遊戲的人通常是缺乏現實感的婦女，她們在強烈誘惑之下難以保持成人自我狀態。具體闡述這個機制屬於精神分析領域，而心理遊戲分析主要關注該機制所產生的結果。

·內在心理獲益（internal psychological advantage）

指它對「心理能量經濟」（Psychic economy，也就是性慾）的直接影響。在IWFY遊戲中，屈服於丈夫權威（這種屈服為社會所接納），能讓妻子避免體驗到自己的精神官能性恐懼，同時也可能滿足了妻子的受虐需要（如果她有這種需要的話）。這裡的受虐並非自我犧牲而是指其經典意義，也就是在剝削、羞辱或疼痛之下的性興奮。也就是說，她因為被他人剝削和支配而感到興奮。

·外在心理獲益（external psychological advantage）

透過玩心理遊戲迴避恐懼情境。這在IWFY中特別明顯，這也是它特別突出的動機——透過順從丈夫的約束，妻子迴避了自己所害怕的公共場合。

·內在社交獲益（internal social advantage）

透過在親密關係中玩此心理遊戲而獲得。透過順從，妻子獲得了說

「要不是因為你」的特權，這說明了她結構化和丈夫共處的時間。懷特太太因為和丈夫之間缺乏其他共同興趣，特別是在沒有孩子之前以及孩子成年以後，這種對結構化的需求更明顯。從孩子出世到孩子成年之間的這段時期，這個心理遊戲不會玩得太深入也不會太頻繁，因為這時候主要由孩子來結構化其父母的時間。孩子的出現也產生了 IWFY 一種更廣為人知的形式——忙碌的家庭主婦。即使美國的年輕媽媽真有那麼忙碌，這個事實也改變不了我們如何分析此心理遊戲的形式。心理遊戲分析僅試圖公正回答以下問題：「忙碌的年輕女性將如何利用其忙碌來獲得補償？」

·外在社交獲益（external social advantage）

這是指在外在社會連結中利用此心理遊戲。在該心理遊戲中，妻子向丈夫抱怨「要不是因為你」，當她和朋友早晨聚會時，這將會轉變成一種「要不是因為他」的消遣。心理遊戲再次彰顯出它對於選擇社交夥伴的影響。新來的鄰居被邀請來喝早茶，同時也被邀請一同玩「要不是因為他」，如果她也玩這個心理遊戲，那很好，若無其他意外，這個新鄰居會很快融入這個圈子；若她拒絕參與，並且對丈夫報以寬厚的態度，她便難以待在這個群體之中。這就像在雞尾酒會上拒絕喝酒一樣——大部分情況下，她的名字將逐漸從客人名單中消失。

以上完整分析了 IWFY 遊戲的主要特徵。若要進一步理解分析步驟，可以參考對「你為什麼不－的確，但是」遊戲（Why Don't You—Yes But）的分析，它是全世界各種社交聚會、委員會議和心理治療團體中最常見的心理遊戲（請參考本書第156頁）。

3. 心理遊戲的起源：出生以來的重要生活經驗，建構了我們所玩的心理遊戲

就目前的觀點來看，養育兒童是一個教育過程，兒童在這個過程中被教會玩什麼心理遊戲，以及怎麼樣玩遊戲。他同樣也被教會了符合自己社會地位的程式、儀式和消遣，只不過在個人意義上沒有心理遊戲那樣重要。**其他條件相同的情況下，一個人在程式、儀式和消遣方面的知識與技巧，決定了他可以得到哪些機會；而他的心理遊戲決定了他將如何利用這些機會以及其最終結果。**作為「人生腳本」（也就是「無意識的人生計畫」）的一部分，他最喜歡玩的心理遊戲也決定了他最終的命運（同樣是在其他條件相同的情況下）──不論是婚姻和事業的結局，或是死亡時的環境❺。

盡責的父母將大量精力用於教導孩子與其生活地位互相適應的程式、儀式和消遣，並且同樣仔細的為孩子選擇能夠強化其教導的中學、大學和教堂，所以他們往往忽略了心理遊戲問題，而**心理遊戲是孩子自出生以來，從重要的生活經驗中學習而來，它們構成了每個家庭情感動力的基礎結構。**千百年來，人們已經用寬泛而未系統化的方式討論了與心理遊戲有關的問題，現代行為矯正精神病學文獻也在嘗試用更妥善的方法來處理它們；但是如果沒有心理遊戲這個概念，我們便無法展開持續且一致的調查。至今，「個體內在心理動力學理論」都無法令人滿意的處理人類關係問題，因此我們需要用「不只考慮個體動機的社會動力學理論」，來處理人際溝通情境。

---

❺ 譯注：伯恩在其最後一本著作中寫道：「這種存留在腦海裡的未來計畫，就稱之為『腳本』（Script）……重大事件早已決定好了──要跟什麼樣的人結婚、要幾個小孩、要死在什麼樣的床上、床邊圍繞著哪些人等等。」

因為目前很少有兒童心理學家和兒童精神病學專家同時也接受了良好的心理遊戲分析訓練，所以對於心理遊戲起源的觀察並不多。幸運的是，下面的場景正好發生在訓練有素的溝通分析師身上：

7歲的小男孩在用餐時覺得肚子痛，於是詢問父母是否可以離開，而父母建議他去床上躺一下。這時候，3歲的弟弟麥克說：「我也肚子痛。」顯然，麥克正試圖獲得父母同樣的關注。父親看了麥克幾秒鐘，然後說：「你不想玩這個遊戲的，對吧？」隨後麥克突然笑了起來，說：「對！」

若這是一個信奉養生或對腸胃特別敏感的家庭，那麼緊張的父母親也會讓麥克上床休息。如果麥克和父母的這種互動重複了很多次，我們就可以預測這個心理遊戲將會成為麥克性格的一部分，只要父母配合，這種情況通常就會發生。無論何時，只要麥克嫉妒另一位擁有特權的競爭者，他就會以生病為藉口為自己謀取特權。其隱蔽式溝通是：（社會層面）「我感到身體不舒服」＋（心理層面）「你必須也給我特權」。不過，麥克很幸運，他免於陷入這種「慮病式」生活之中，無論其最終命運如何，因為父親當場質疑和孩子坦誠認知到自己正打算玩心理遊戲，這個兒童時期的心理遊戲就此終止。

這個例子足以清楚說明在很大程度上，心理遊戲是由年幼兒童有意發起的。當心理遊戲變成固定的「刺激─反應」模式後，其源頭便湮沒在時間中，而它們隱蔽的本質也將被社交迷霧所掩蓋。只有在適宜的程式之下，才能再度覺察這兩者──透過某種形式的分析式治療來探查心理遊戲的根源、透過對抗心理遊戲來發現遊戲隱蔽的一面。沿著這個途徑所積累的大量臨床經驗，都反復驗證了這一點──**心理遊戲在本質上由模仿而來，它們最初由兒童人格中的「成人自我狀態」（新精神的運作）所建立。**

當成年玩家重新啟動「兒童自我狀態」時，其兒童自我狀態中的成人自我方面是如此有力，操縱他人的能力也令人咋舌，所以我們將兒童人格中的成人自我部分俗稱為（精神病學）「教授」（Professor）❻。因此，集中於心理遊戲分析的心理治療團體中，最為複雜的程式之一，便是探索每個個案心中的「小教授」。除非該心理遊戲是悲劇性的，否則該治療團體會在著迷、快樂甚至是歡鬧的氛圍中傾聽每個個案的「小教授」在其 2 ～ 8 歲之間創建心理遊戲的神奇經歷，個案本人也會帶著適當的自我欣賞和自豪的加入其中。一旦他能做到這一點，便能放棄那不幸的行為模式，展開更好的生活。

以上便是為什麼在心理遊戲的正式描述中，我們總要嘗試探討其嬰兒期或兒童期原型的原因。

4. 心理遊戲的功能：無法獲得親密時，用以填補社交生活的大部分時間

由於日常生活中幾乎沒有機會獲得親密，也因為大部分人在心理上不可能實現某種形式的親密（尤其是強烈的親密），所以嚴肅社交生活中的大部分時間就會被用來玩心理遊戲。因而心理遊戲既是必要，也為人們所渴望，唯一的問題在於一個人所玩的心理遊戲能否給他帶來最佳獲益。我們應該記住，心理遊戲的本質特性是它的高潮或報償。報償之前的步驟，主要作用是為心理遊戲的高潮設置情境，不過人們也會在每一步盡可能獲得

---

❻ 譯注：溝通分析通常將兒童人格中的成人自我命名為「小教授」（little Professor）。

最大化的滿足，這種滿足屬於心理遊戲的次級產物。因此，「傻瓜」遊戲（請參考第152頁）的報償（先因為「傻瓜」遊戲而把事情弄糟，然後道歉），以及這個心理遊戲的目的，就是透過道歉逼迫他人原諒自己；不小心把酒灑出來，又不小心讓菸頭點燃桌布，這些都是結局之前的步驟，但是這每一個過失本身也能帶來快感。道歉是通向報償至關重要的刺激。否則，酒灑出來只能視為一個破壞性的程式，它也許令人愉悅但本質屬於行為不端。

「酒鬼」遊戲也是如此；無論對飲酒的需要有什麼樣的生理根源，在心理遊戲分析看來，飲酒只不過是心理遊戲中的一個步驟，它只是遊戲玩家依其環境所採取的一種方式。飲酒本身可以帶來快樂，但它並不是這個心理遊戲的本質。這一點可以在「酒鬼」遊戲的變體「不喝酒的酒鬼」遊戲中顯示出來。「不喝酒的酒鬼」遊戲包含了同樣的步驟，並且導致同樣的結局，但是玩這個心理遊戲的人並不喝酒（請參考第105頁）。

心理遊戲除了有令人滿意且結構化時間的社交功能，很多心理遊戲還是某些個體維持健康必不可少的方式。這些人的心理穩定性相當差，而維繫他們的心理地位又相當脆弱，以至於如果不讓他們玩遊戲，他們便會陷入一種不可逆轉的絕望甚至精神病之中。這類人將非常努力的對抗他人任何反遊戲的行為。我們經常在婚姻關係中觀察到這一點，改善伴侶中一方的心理問題（如放棄了破壞性的遊戲）會導致另一方的心理狀態快速惡化，因為對這一方而言，與伴侶的心理遊戲是維持平衡的頭等大事。因此，心理遊戲分析必須謹慎進行。

幸運的是，**放棄心理遊戲可以讓人獲得「親密」的獎賞，而擁有真正的親密關係，也應當是人類生活最完美的形式**。親密是如此美好，以至於只要能找到與自己享受親密的合適伴侶，即使是最不穩定的人格也能安全而愉快的放棄他們的心理遊戲。

從更廣泛的角度來看，**心理遊戲是組成每個人無意識生活計畫或腳本的動力，其作用是填補在最終結局到來之前等待的時間，同時加速最後一幕的到來。**腳本最後一幕要求的，不是奇蹟就是災難，這取決於人的腳本是具建設性的還是具破壞性的。用通俗一點的話來說，一個人的腳本如果是朝向「等待聖誕老人到來」，那這個人很可能會玩一些令人愉快的遊戲，如「天啊，慕格朵先生，你真棒！」但是如果這個人擁有的是朝向「等待死亡到來」的悲劇性腳本，他玩的遊戲便沒有那麼愉快了，例如「終於逮到你了，你這個渾蛋！」

應該注意的是，像前面這些口語化表達的句子也是心理遊戲分析的一部分，而且在溝通分析團體治療和研討會上經常使用。「等待死亡到來」腳本這種表達，源自某位個案的一個夢，他夢見自己在「死亡到來之前」做了某些事情。還有位個案在成熟的治療性團體中指出治療師所忽略的一件事——實際上，等待聖誕老人和等待死亡是同義詞。口語化表達在心理遊戲分析中具有決定性的重要作用，關於這個概念我將在後續討論。

5. 心理遊戲的分類：六大基本分類與三大變數

我們已經提到很多用來分析心理遊戲和消遣的因素，其中有一些還能夠系統性分類消遣和心理遊戲。更明顯的分類基於以下因素：

【分類1】**心理遊戲玩家的數量：**雙人遊戲（性冷感的女人）、三人遊戲（你來和他鬥吧）、五人遊戲（酒鬼）和多人遊戲（你為什麼不—的確，但是）。

【分類2】**遊戲所使用的媒介：**言語（精神病學）、金錢（欠債者）、

身體的一部分（手術成癮）❼。

【分類3】臨床類型： 歇斯底里型❽（挑逗）、強迫型（傻瓜）、偏執型（為什麼這一定要發生在我身上）、憂鬱型（我又這樣了）。

【分類4】力比多區域： 口腔（酒鬼）、肛門（傻瓜）、生殖器（你來跟他鬥吧）。

【分類5】心理動力學： 對抗恐懼（要不是因為你）、投射（家長會）、內攝（精神病學）。

【分類6】本能驅力： 受虐（要不是因為你）、施虐（傻瓜）、戀物癖（性冷感的男人）。

除了心理遊戲玩家的數量，還有三個可量化的因素值得考慮：

【因素1】靈活性（Flexibility）： 有些心理遊戲，如「欠債者」和「手術成癮」，只適合用一種媒介來玩，而其他的遊戲，例如「暴露癖」遊戲，則更具靈活性。

【因素2】韌性（Tenacity）： 有些人很容易放棄他們的心理遊戲，有些人則很堅持。

【因素3】強度（Intensity）： 有些人以一種放鬆的方式來玩心理遊戲，有些人玩遊戲的時候則更緊張，也更具攻擊性。所以心理遊戲也有輕鬆和激烈之分。

這三個變數共同決定了心理遊戲是溫和的還是粗暴的。有心理問題者

---

❼ 譯注：Polysurgery，不現實的過度尋求手術，詳見第147頁的「這難道不夠糟糕嗎」遊戲。

❽ 譯注：也稱為「表演型」。

所玩的心理遊戲，具有一定的漸進級別，也就是所謂的階段。例如，偏執型思覺失調個案一開始玩的可能是靈活、鬆散而輕鬆的第一級遊戲「這難道不夠糟嗎」，然後逐漸演變為僵化、頑固而激烈的第三階段遊戲。心理遊戲的階段可透過以下方式來區分：

「第一級遊戲」（First-Degree Game），能在心理遊戲玩家的社交圈中談論，為社會所接納。

「第二級遊戲」（Second-Degree Game），不會產生不可挽回的永久性損害，但是玩家也不願意公諸於眾。

「第三級遊戲」（Third-Degree Game），玩家會永遠玩下去，遊戲結果不是在手術室、法庭就是在太平間。

　　心理遊戲還可以根據在IWFY心理遊戲分析中納入的其他特定因素來分類：目的、角色、最顯著的獲益。對於系統而科學的分類，最有可能的候選者是基於「存在性心理地位」（existential position）來分類，不過因為目前對該因素的認知還不充分，所以這種分類有待後續發展。由於無法透過存在性心理地位來分類，目前最實際的分類方法是社會定位。本書第二部分所使用的就是這種分類法❾。

❾　非常感謝波特（Stephen Potter）對日常社交情境中的操縱，或「伎倆」（ploys）有精采的認知和幽默的討論2，以及米德（G. H. Mead）對心理遊戲在社會生活中的作用進行的開拓性研究3。舊金山社會精神病學研討會自1958年開始，已經對導致精神殘障的心理遊戲開展了系統性研究，薩斯（T. Szasz）也已探討了這部分心理遊戲分析4。若想了解心理遊戲在團體治療過程中的作用，可參考伯恩關於團體動力學的著作5。

36個常見的心理遊戲

A Thesaurus of Games

GAMES PEOPLE
PLAY

第二部分所收集的，是到目前為止（1962年）所發現的心理遊戲，不過仍有新的心理遊戲不斷被發現。有些心理遊戲看似是已知遊戲的另一種形式，但是透過更仔細的探究，才發現它們是全新的遊戲；而有些貌似是新的心理遊戲，結果卻發現它們是已知遊戲的變體。心理遊戲分析當中的個別項目也可能隨著新知識的積累而改變；例如，在描述一個心理遊戲的心理動力學因素時，可能具有多種選擇，本書目前的表述未必最具說服力。不過，此心理遊戲清單以及分析，對臨床工作而言已經足夠。

第二部分有些心理遊戲的討論是完整的，有些遊戲因為需要更多的調查，或不常見，或由於重要性沒有那麼明顯，所以只是簡單提及。**心理遊戲中的「它」（it）通常是指遊戲的「發起者」（也是「遊戲主角」），我們也會用「懷特」（White）來稱呼它，心理遊戲當中的另一方則被稱為「布萊克」（Black）。**

心理遊戲可以根據其最常出現的場合而分為：生活遊戲、婚姻遊戲、聚會遊戲、性遊戲和暗黑遊戲；接下來是針對專業人員的諮商室遊戲，最後則是一些好遊戲的例子。

1. 我們如何分析心理遊戲

心理遊戲分析將使用以下項目來解說：

【項目1】**標題**：如果心理遊戲的名字太長，為方便起見就會使用其名稱縮寫。如果一個心理遊戲或其變體有多個名稱，可透過心理遊戲與消遣清單（附錄2）找到它們之間的交叉索引。口頭報告時最好使用心理遊戲的全稱，而不是縮寫。

【項目2】**論述：**盡可能中肯的陳述該心理遊戲。

【項目3】**目的：**根據本書作者的經驗，選擇最有意義的遊戲目的。

【項目4】**角色：**遊戲主角（它）的角色，用斜體字表示是從誰的角度來討論這個遊戲。

【項目5】**心理動力學：**與目的一樣，也是基於作者的經驗選擇該遊戲最有意義的動力學因素。

【項目6】**範例：**

(1) 舉例說明該遊戲在兒童期的表現，以及最容易識別的相關原型。

(2) 來自成人生活中的遊戲範例。

【項目7】**溝通範式：**盡可能簡短的演示遊戲在社會層面和心理層面進行最關鍵的溝通。

【項目8】**步驟：**提出能在實踐中發現數量最少的溝通刺激和反應。這些步驟可以根據不同的情境自由擴展、削弱或者修飾。

【項目9】**獲益：**

(1) 內在心理獲益：試圖說明心理遊戲如何維持內在心理的穩定性。

(2) 外在心理獲益：試圖說明遊戲幫助玩家迴避的是什麼情境或親密，且其引發了焦慮。

(3) 內在社交獲益：提出該遊戲在親密關係中出現時所使用且最具代表性的措辭。

(4) 外在社交獲益：提出在一般關係中，玩其衍生遊戲或消遣時所使用的關鍵性措辭。

(5) 生理獲益：試圖指出心理遊戲為玩家提供的特定類

型的安撫。

（6）存在性獲益：說明玩家是基於何種心理地位來玩遊戲的。

【項目10】相關遊戲：提出與該遊戲互補、同屬一系，以及對立的遊戲名稱。

只有在心理治療情境下，才能充分理解一個心理遊戲。接受心理治療者中，玩破壞性心理遊戲的人要比玩建設性心理遊戲的人多。因此，我們已經充分理解的大部分心理遊戲基本上都是破壞性的，不過讀者應該記住，也有一些幸運的人會玩建設性心理遊戲。為了防止心理遊戲概念像其他許多精神病學術語那樣被庸俗化，我們有必要再次強調，心理遊戲是非常準確的概念，應該根據心理遊戲的判斷標準，明確區分其程式、儀式、消遣、操作，以及源自不同心理地位的操縱和態度。人們出於某種心理地位而玩心理遊戲，但心理地位本身及其相應的態度並不是遊戲。

2. 為什麼書中使用許多口語化表達？

本書使用的許多口語化表達都是由個案提供，只要運用時機合適且足夠敏感，玩家都能理解和喜愛這些口語化表達。其中有些表達也許看似無禮，但是這種無禮的諷刺所針對的是心理遊戲本身而非玩遊戲的人。心理遊戲的口語化表達首先是必須貼切，如果一聽就能引人發笑，那正是因為它們恰好擊中要害。我曾經在別處討論過口語化表達的重要意義，哪怕用一整頁的篇幅解釋，也無法像「某個女人是婊子」，或者「某個男人是混

蛋」更能傳達更多的意義[1]。出於學術性目的，我們可以用科學性語言來闡述心理學原理，但是在實踐中需要用另一種方法有效識別他人的情感動力。所以我們寧願用「這難道不夠糟嗎」來代替「肛慾攻擊的言語投射」。前者不僅擁有更具動力學的意義和影響力，而且實際上也更準確。有時候，人們在「明亮的」房間裡要比在「昏暗的」房間裡康復得更快。

第 6 章

生活遊戲

Life Games

貫穿一生、容易牽扯旁人的心理遊戲

心理遊戲對處於一般社會環境下玩家的命運，具有重要甚至是決定性的影響，但是其中有一些心理遊戲比其他心理遊戲有更多畢生都能玩的機會，也更容易把無辜的旁觀者牽扯進來。方便起見，我們將這組心理遊戲命名為「生活遊戲」，包括「酒鬼」、「欠債者」、「踢我吧」、「終於逮到你了，你這個渾蛋」、「看，都是你逼我的」，以及這些心理遊戲的主要變體。它們一方面可以與婚姻遊戲（請參考第 7 章）結合，另一方面也能和暗黑遊戲（請參考第 10 章）結合。

Alcoholic

1.「酒鬼」遊戲：與「飲酒」有關的社交活動

論述：酒鬼遊戲的五個既定角色

在心理遊戲分析中沒有酗酒或酒鬼一說，只有特定心理遊戲中名為

「酒鬼」的角色。如果個體過度飲酒的主要原因是生物化學或生理學異常（這一點仍有待研究），那麼這種過度飲酒的研究屬於內科醫學領域。心理遊戲分析所關注的，是與過度飲酒有關的社交互動，也就是「酒鬼」遊戲。

　　該心理遊戲最完整的版本是一個五人遊戲，只不過在遊戲開始與結束時，可能會縮減為兩人。遊戲的核心角色是「酒鬼」（也就是心理遊戲分析中的「它」），由懷特扮演。支持該遊戲最主要的角色是「迫害者」（Persecutor），通常由家庭中的某位異性扮演，一般是其配偶。第三個角色是同性所扮演的「拯救者」（Rescuer），通常由關心個案酗酒問題的家庭醫生扮演。最典型的情況是，醫生將酒鬼從酗酒惡習中成功解救出來。懷特戒酒六個月後，他們互道恭喜。第二天人們發現懷特又醉倒在水溝裡。

　　第四個角色是「糊塗蛋」（Patsy），或者「傻蛋」（Dummy）。在文學作品中，這個角色往往由熟食店老闆扮演，他借錢給懷特，並免費送他一塊三明治或一杯咖啡，既不迫害他，也不試圖拯救他。在生活中，扮演該角色的往往是懷特的母親，她給他錢，對於妻子不理解他而深感同情。在遊戲中，懷特要用花言巧語來為自己花錢找藉口，例如說他需要錢執行一些計畫以博取信任，懷特與母親都假裝相信這些理由，但是他們都清楚這些錢會花到哪裡去。有時候「糊塗蛋」會轉換至另一個對該心理遊戲有幫助但並非最基本的角色「煽動者」（Agitator），一個甚至無需懷特開口就會給他酒喝的「好人」──「過來陪我喝一杯（然後你就會更快墮落）。」

　　所有飲酒遊戲中都會有一位職業人士扮演輔助性角色，也就是酒吧裡的調酒師或是店員。在「酒鬼」遊戲中他們所扮演的是第五個角色「酒商」❶（Connexion），既是酒飲的直接供應源，又明白酒鬼的心思，在某

種程度上他們是成癮者生活中最為重要的人。「酒商」與其他玩家最大的區別在於職業和業餘之分——職業人士知道何時該停止。一位好的調酒師到了某個時刻，就會拒絕再提供酒類給酒鬼，酒鬼無法盡興只好離開，除非他能找到一位對酗酒更為縱容的「酒商」。

在「酒鬼」遊戲的一開始，妻子會扮演三種支持該心理遊戲的角色——在半夜她是「糊塗蛋」，為醉醺醺的丈夫寬衣解帶、為他煮咖啡解酒、被他潑灑酒水並瘋狂毆打；到了早上，她變成「迫害者」，痛斥丈夫的惡劣行徑；一到傍晚又變成「拯救者」，懇求丈夫不要再喝酒了、希望他痛改前非。到了心理遊戲的下一個階段，有時候因為酒鬼生理上的惡化，除非「迫害者」和「拯救者」仍然願意提供酒鬼支持，否則他們可能會離開。此時懷特會去救濟機構領取免費食物以獲得拯救，或是忍受業餘人士或職業人士的責罵，只要之後能得到施捨。

目前的經驗表示，大部分研究者都忽略了酒鬼遊戲中「報償」（遊戲的普遍特徵）的真正來源。心理遊戲分析認為，飲酒本身只不過是附帶的樂趣，並帶來額外的獲益，該心理遊戲真正的高潮是宿醉反應。「傻瓜」（Schlemiel）遊戲也是如此——遊戲主角懷特最引人注意的是他不斷把東西弄亂弄髒，但是這僅僅是懷特用來將心理遊戲推向關鍵結局（獲得布萊克的原諒）且可以帶來樂趣的方法。

對酒鬼而言，宿醉反應所帶來的心理折磨遠甚於生理上的痛苦。喝酒的人喜歡玩兩種消遣：「馬丁尼」（Martini，喝了多少，還有這杯酒是怎麼調的）和「酒醒之後」（Morning After，告訴你我宿醉的狀況）。「馬丁尼」的玩家大部分是社交飲酒者；酒鬼則更喜歡大談「酒醒之後」的心理痛苦，而

❶　譯注：英文俚語有「毒販」之意。

像是「匿名者戒酒協會」（Alcoholics Anonymous）這樣的組織，則提供了他們無限的機會暢談這樣的心理痛苦。

當懷特在狂飲之後與精神科醫生會面時，他會用各式各樣的方式來咒罵自己，而醫生什麼都沒有說。接著，懷特又在團體治療中重述了他看精神科醫生的經歷，心滿意足的說那位精神科醫生用這些稱呼指責自己。很多「酒鬼」在治療中最想談論的不是他們的飲酒行為（他們通常都是在迫害者的迫使下才談及自己的喝酒情況），他們真正想談的，是飲酒後的痛苦。除了喝酒所帶來的個人樂趣之外，溝通分析認為，飲酒行為的目的在於為「兒童自我」創造一種情境——讓兒童自我不僅獲得內在父母自我的嚴厲訓斥，也可以遭受外在環境中的父母式人物強烈指責，這些父母式人物很容易如其所願嚴加斥責他。因此，**治療該心理遊戲的重心不應該是飲酒行為，而是清醒後放縱的自我譴責。**有一類重度飲酒者，他們沒有宿醉反應，故而不屬於這裡所討論的類型。

還有一種遊戲名為「不喝酒的酒鬼」遊戲❷（Dry Alcoholic），遊戲主角懷特不喝酒，但是遊戲步驟和需要的遊戲配角與酒鬼遊戲相同，並且也經歷了相同的經濟或社會惡化。同樣的，「酒醒之後」遊戲是其關鍵所在。不僅如此，正是由於「不喝酒的酒鬼」遊戲與常規「酒鬼」遊戲之間這種相似性，表示兩者皆為心理遊戲，例如這兩種心理遊戲導致被解雇的程式是相似的。「毒品成癮者」遊戲（Addict）和「酒鬼」遊戲類似，但是「毒品成癮者」遊戲更危險、更戲劇化，也更轟動與迅猛。在我們這個社會，「毒品成癮者」遊戲中的「糊塗蛋」和「拯救者」角色非常罕見，它

---

❷ 譯注：個案不再飲酒，卻繼續採取與酒鬼相同的思考與行為模式，並產生同樣的情緒和心理問題，例如憂鬱、社交隔離、無故憤怒、難以建立親密關係等，如果沒有辦法解決這些潛在問題，酒癮很容易復發。

更依賴很容易出現的「迫害者」角色，而「毒販」在這個心理遊戲中扮演更為核心的角色。

「酒鬼」遊戲還牽涉到各種機構，其中有些機構範圍擴展至全國，甚至全世界，部分則是地方機構。許多機構都公開發表這類心理遊戲的規則，且幾乎都詳細解釋了要如何扮演「酒鬼」角色——早餐前喝一杯，或將原本用於其他事情的錢都花光等等，並且還解釋了「拯救者」的作用。以匿名戒酒協會為例，他們持續玩心理遊戲同時致力於誘導「酒鬼」扮演「拯救者」角色。這些機構最歡迎「曾經的酒鬼」，因為他們知道這個心理遊戲怎麼玩，所以比起沒有玩過這個心理遊戲的人，「曾經的酒鬼」更適合扮演遊戲中的其他角色。曾有報導說，某個匿名戒酒協會中的「酒鬼」離開後，剩下的成員又重新開始喝酒了，因為如果沒有需要拯救的人，這個心理遊戲將無法持續下去[1]。

也有一些組織致力於改善該心理遊戲中的其他角色。一些組織迫使「酒鬼」的伴侶從「迫害者」角色轉換成「拯救者」角色。對於酒鬼的青少年子女，理論上最理想的治療方案是鼓勵這些年輕人真正脫離心理遊戲，而不僅僅是轉換角色。

酒鬼的心理治癒在於停止玩此遊戲，而非簡單的從一個角色轉換為另一個角色。要幫助酒鬼找到一個與「繼續玩心理遊戲」一樣有吸引力的事情相當困難，但是有時候也並非完全不可行。因為酒鬼通常害怕親密，他們更可能用另一個心理遊戲取代原本的遊戲，而難以用不含有心理遊戲的坦承人際關係來取代。所謂「痊癒」的酒鬼，通常缺乏令人興奮的社交生活，他們可能會覺得自己的生活毫無刺激，因此總是想重返老路。心理遊戲分析師並不滿足於「完全戒斷」式治癒，**真正的「遊戲治癒」標準，是曾經的酒鬼可以在社交場合適量飲酒，並且不會將自己置於危險之中。**

根據以上所描述的心理遊戲，顯然「拯救者」很容易玩「我只是想幫你」遊戲（I'm Only Trying to Help You）；「迫害者」總想玩「看看你對我做了什麼」遊戲（Look What You've Done to Me）；「糊塗蛋」則傾向於玩「老好人」遊戲（Good Joe）。隨著宣稱酒精成癮是一種疾病且扮演「拯救者」角色的組織興起，酒鬼開始學會玩「義肢」遊戲（Wooden Leg）。那些特別關注這個群體的法律條文，如今也傾向於鼓勵這種狀況。遊戲的重心開始從「迫害者」轉向「拯救者」，酒鬼從說「我是個罪人」變成說「你還能指望一個病人做什麼呢」（這就是當代思潮的一部分，遠離宗教、走向科學）。從存在主義的觀點來看，這種轉向是可疑的；從現實角度考慮，這種做法也不能降低酒類銷售量。但是無論如何，對大部分人而言，匿名戒酒協會仍是治療過度飲酒最好的開始。

反遊戲：放棄「拯救者」角色，真正透過制止心理遊戲來治癒

眾所周知，「酒鬼」遊戲相當頑固且難以放棄。一位女酒鬼在團體治療中幾乎不參與活動，直到她認為自己對其他成員的認知足以繼續玩她的心理遊戲。接下來，她邀請團體成員談談對她的看法。因為她表現得相當友善，很多成員都稱讚了她，然而她並不滿意，抗議說：「這不是我想聽的，我想知道你們真實的想法。」明確表示她需要貶低自己的評價。其他成員拒絕壓迫她，於是她回家後對丈夫說，如果自己再喝酒，他必須和她離婚否則就把她送進醫院。丈夫同意了，當晚她就喝得酩酊大醉，於是丈夫如約將她送進醫院。在團體治療中，沒有人願意扮演女酒鬼為他們設定的「迫害者」角色，且無論他們如何努力強化她已經在治療中獲得的領悟，她依然無法忍受這種拒絕。而在家裡，她找到了一個願意扮演她指定角色的人。

不過還有另一種情況，個案可能準備好放棄心理遊戲，並開始嘗試社會性治癒❸，治療師也拒絕扮演任何「迫害者」或「拯救者」角色。但是如果治療師扮演「糊塗蛋」角色，允許個案不付診療費，也不準時赴約等治療規定，其治療同樣沒有效果。溝通分析認為正確的治療程式應該是——**仔細做好準備、採取合約式的成人自我立場，並拒絕扮演任何遊戲角色，希望個案不僅能夠忍受完全戒斷，還能放棄心理遊戲**。如果他做不到，那最好將他轉介給一位「拯救者」。

　　實施反遊戲極為艱難，因為大多西方社會國家認為酒鬼是應該被譴責、關注，或慷慨施捨的對象。那些拒絕扮演任何心理遊戲角色的人，很可能會引起公憤。「拯救者」反而比「酒鬼」更容易被真正且合理的治療方法嚇到，以至於他們經常對治療產生不幸的影響。假設在一個臨床機構中有一群臨床工作者非常關注「酒鬼」遊戲，並且嘗試透過制止心理遊戲獲得真正且有效的治癒，而不僅僅是「拯救」這些病人。一旦被人知道，該臨床機構背後那外行的委員會就會排擠他們，不再邀請他們協助治療這些個案。

「酒鬼」遊戲延伸的其他心理遊戲

　　一位敏銳的工業精神病學學生發現，「酒鬼」遊戲中往往會出現一種有趣的附帶表演，那就是「來一杯」（Have One）。懷特夫婦（懷特太太不喝酒，扮演「迫害者」角色）和布萊克夫婦（兩人都扮演「糊塗蛋」角色）一同去野餐。懷特先生對布萊克夫婦說：「來一杯！」如果他們真的喝了，懷特先生就有理由繼續喝個四、五杯。如果布萊克夫婦拒絕，那這個遊戲就

---

❸　譯注：伯恩將心理治癒分為三個層次：社會性治癒、遊戲治癒和腳本治癒。

玩不下去了；這時，根據酒場規矩，懷特先生覺得自己被侮辱了，於是下次將尋找更順從的野餐夥伴。

在社交層面上，（懷特先生的邀請）是一種成人自我的慷慨大方，在心理層面上則是一種放肆行為，懷特先生的兒童自我借機得到布萊克夫婦的父母自我縱容，在妻子的眼皮底下公然「行賄」，妻子也無力反對。事實上正是因為「無力」反對，懷特太太默許了整個安排。處在「迫害者」角色中的懷特太太，就如同處在「酒鬼」角色中的懷特先生，也很渴望遊戲繼續進行。不難想像，野餐結束後第二天早晨，懷特太太一定會指責丈夫。如果懷特先生恰巧是布萊克先生的老闆，情況就會更複雜。

「糊塗蛋」角色一般不像其名字暗示的那樣糟糕。「糊塗蛋」往往是一些寂寞的人，他們透過善待「酒鬼」可以獲得很多好處。熟食店老闆透過玩「老好人」遊戲認識了很多人，也可以在自己的社交圈中贏得既慷慨大方又會講故事的好名聲。

順便提一下，「老好人」遊戲的一種變形，就是四處請教該如何更好的幫助他人。這是一種愉快而具有建設性的遊戲，相當值得鼓勵。與其相反的遊戲是「硬漢」（Tough Guy），學會使用暴力或者四處「請教」如何更傷害他人。儘管玩家並沒有實施嚴重的傷害行為，他還是可以結識真正的亡命之徒，借此狐假虎威。這就是法語中所謂的「牛皮大王」（un fanfaron de vice）。

「酒鬼」心理遊戲分析

主題：我真壞；有本事你就阻止我。

目的：自我譴責。

角色：*酒鬼*、迫害者、拯救者、糊塗蛋、酒商。

心理動力學：口慾剝奪。

範例：

（1）「看你能不能抓到我」遊戲（See If You Can Catch Me）。因過於複雜，該心理遊戲原型難以與成年遊戲連結。不過孩子（尤其是酒鬼的孩子）往往會使用富有酒鬼特性的花招。「看你能不能阻止我」遊戲，包括撒謊、藏匿東西、尋求負面評價、尋找對自己有用的人、找一個樂善好施的好心鄰居等等。自我懲罰往往至後期才出現。

（2）酒鬼和他的生態圈。

社會層面的溝通：成人自我－成人自我

成人自我：「告訴我你對我的真實看法，或者，幫助我戒掉酒癮。」

成人自我：「我會坦誠對待你。」

心理層面的溝通：父母自我－兒童自我

兒童自我：「有本事就阻止我。」

父母自我：「你必須戒酒，因為……」

步驟：（1）激怒－指責或原諒；（2）縱酒－憤怒或失望

獲益：

（1）內在心理獲益包含：（a）作為程式的「飲酒」——滿足反叛、安慰和渴求；（b）作為遊戲的「酗酒」——自我譴責（可能）。

（2）迴避性或其他形式親密（外在心理獲益）。

（3）「有本事就阻止我」（內在社交獲益）。

（4）「酒醒之後」、「馬丁尼」以及其他消遣（外在社交獲益）。

（5）愛恨交替（生理獲益）。

（6）「每個人都想剝奪我的權利」（存在性獲益）。

Debtor

2.「欠債者」遊戲：影響人生腳本的心理遊戲

論述：欠債者遊戲可以讓玩家感受到生活的「目的」

「欠債者」不僅是心理遊戲，在美國它往往成為一種「人生腳本」，也就是對自己一生的計畫，如同在非洲和新幾內亞叢林中生活的那些人[2]。在那裡，一位年輕人的親戚花大錢幫他買了一位新娘，導致這位年輕人在未來很多年內都要背負巨額債務。而在我們這裡，至少是在文明程度較高的地區，同樣流行這樣的習俗，只不過用來購買新娘的債務變成了買房子，而且銀行也取代了親戚的債權人角色。

因此，為了確保自己成功，新幾內亞的年輕人將舊手錶掛在耳朵上，而美國的年輕人將新手錶戴在手上，他們都感受到自己有了生活的「目的」。像婚禮或喬遷宴這樣的大型慶典，通常是在背負債務時舉行，而非還清債務的時候。例如，眾多電視節目所宣揚的不是最終償還其抵押貸款的中年男人，而是舉家搬入新居，正自豪的揮動手中那張剛剛簽下「賣身契」的年輕人——他的人生精華都將和這張房契綁在一起。還清其債務後（貸款、孩子的大學學費、保險）他便成為了一個麻煩，一個不僅要社會為其提供物質享受還要為其提供新「目標」的「老年人」。就像在新幾內亞，如果這個人非常精明，他很可能會變成一位巨額債權人，而不是欠鉅款的人，但是這種情況相當罕見。

就在我撰寫此文的時候，一隻蚋蛾正慢慢爬過桌子。如果牠翻過身、仰面朝天，你可以看到牠在重新站起來之前經歷了多麼激烈的掙扎。在這段時間裡，牠有了生活的「目的」，當牠成功翻轉回來的時候，你甚至可以看到牠露出勝利的表情。你也可以想像，牠離開後會對其他蚋蛾講述自

己的這段經歷，作為一隻成功的蟲子並深受年青一代的敬仰，但是在沾沾自喜中又會感到一絲失望。現在，牠到達了人生的頂點，卻失去了生活的目標。也許牠願意再來一次，期待再一次的勝利。我們可以用墨水在牠背上做記號，當牠再次冒險嘗試這麼做時，便能認出牠來。牠是如此勇敢，也難怪能存活百萬年之久。

　　然而，大部分美國年輕人只有在困難時期才會認真面對他們的債務。如果他們頹廢不振或恰逢經濟不景氣，其所背負的債務就能逼迫他們繼續生活下去，甚至防止一些人自殺。他們在多數時間都在玩較為溫和的「要不是因為我的債務」遊戲（If It Were't for the Debts），其他時間則用來享受。只有很少一部分人將更為激烈的「欠債者」遊戲當做一生的事業。

　　年輕夫婦常常玩「你來討債試試看」遊戲（Try and Collect，縮寫TAC），從中我們可以看到心理遊戲是如何發展為無論朝哪個方向進行都能讓玩家「獲勝」。懷特夫婦借錢賒帳購買各種商品和服務，他們的背景以及父母或祖父母教他們如何玩這個心理遊戲，決定了其購買的是奢侈品還是瑣碎的廉價商品。如果債主為討債做了一些努力但是最終放棄，那麼懷特夫婦便可以樂享其成而不受懲罰，從這個意義上來說，他們贏了。如果債主討債的力度更大，那麼懷特夫婦便會在逃避還債的追逐中，享受與消費、購買物品相同的樂趣。當債主死追不放一定要討回債款的時候，便會出現該心理遊戲最激烈的形式。此時，債主為了討債將不惜採用最極端的方法──通常包含強制性因素，例如跑去找懷特夫婦的雇主或者請討債公司在大卡車上掛著誇張的標語，吵吵鬧鬧的追到懷特家。

　　這個時候就會出現「轉換」（switch）。此時懷特知道自己必須還錢了，但是由於債主的強制性手段──大部分情況下，是因為債主發來的「協力廠商威脅信」，例如：「如果48小時之內不把錢帶來我們辦公室，

那⋯⋯」這時，懷特必然認為自己有理由生氣，此時他轉而玩「終於逮到你了，你這個渾蛋」遊戲的變體。就這樣，他透過證明債主是貪婪、無情和不值得信賴的而獲勝。該心理遊戲兩個最主要的獲益是：（1）強化了懷特的心理地位，這通常被偽裝成「所有債主都是貪婪的」；（2）他現在能夠在朋友面前公然毀謗債主又不失自己「大好人」的身分，所以該心理遊戲為他提供了大量外在社交獲益。透過與債主對峙，他也能進一步獲得內在社交獲益。此外，該心理遊戲還能為他占了信用制度的便宜而辯護──如果債主都是這樣，那我為什麼還要還錢給他們？

以「敢不還錢試試看」（Try and Get Away With It，縮寫TAGAWI）形式玩「債主」遊戲的往往是一些小房東。「你來討債試試看」和「敢不還錢試試看」的玩家很容易認出對方，由於可預見雙方接下來的追逐遊戲以及溝通中的獲益，他們很容易，甚至還暗自竊喜自己捲入該心理遊戲之中。而無論最終獲勝的是哪一方，雙方在遊戲結束時都會玩「為什麼我總是會遇到這種事」（Why Does This Always Happen To Me，縮寫WAHM），從而強化了對方的心理地位。

涉及金錢的遊戲，其結果可能非常嚴重。如果以上的描述聽起來很滑稽，當中有些人也的確很好笑，但是這並不是因為這件事不重要，而是因為暴露出了人們嚴肅對待的事情背後所隱藏的淺薄動機。

反遊戲：要求玩家立刻用現金支付

對抗「你來討債試試看」遊戲（TAC）最為明顯的做法，就是要求玩家立刻用現金支付。但是厲害的TAC玩家總是能找到方法應付，只有最強硬的債主才能做到不為所動。對抗「敢不還錢試試看」（TAGAWI）遊戲的方法是當場付款和誠實。可是無論怎麼看，強硬的TAC和TAGAWI玩家

都是職業玩家，所以業餘玩家要勝過他們，其困難度如同戰勝職業賭徒。既然業餘玩家在該心理遊戲中難以獲勝，在捲入到這些心理遊戲中時，至少可以讓自己玩得盡興一些。依照傳統，人們在玩這兩種心理遊戲時都很嚴肅，所以對職業玩家而言，最難受的莫過於看到業餘玩家對該心理遊戲的結果表示出受害者的嘲笑。金融界絕不允許這種事情發生。有人向我報告的案例中，當街嘲笑一位欠債者，就如同對「傻瓜」遊戲玩家實施反遊戲策略，可以迷惑、挫敗，以及為難他。

Kick Me

3.「踢我吧」遊戲：誘導他人踢他，然後進入「為什麼我總是會遇到這種事」遊戲

論述：男性與女性在「踢我吧」遊戲中的特點

玩「踢我吧」遊戲的男人，其社交風格就像貼了一張「請不要踢我」的標籤並展示給他人看，但是其誘惑力（引誘他人踢自己）卻難以抵擋，以至於自然產生了被踢的結果。這時，遊戲主角懷特就會可憐兮兮的哭訴：「可是，我的標籤上明明寫著『請不要踢我』啊。」然後困惑的自問：「為什麼我總是會遇到這種事？」（縮寫WAHM）臨床上，WAHM常常被投射並偽裝成陳腐的「精神病學」詞語：「只要一有壓力，我就會完全崩潰。」WAHM還有一種心理遊戲成分，就是反過來自傲的認為「我比你更不幸」，這種情況常見於「偏執狂」（paranoid）身上。

如果懷特周圍的人因為仁慈而開始玩「我只是想幫你」遊戲，或是被社會規範或組織規定限制，因此不能踢他，懷特的行為就會愈來愈挑釁，直到最終越界從而迫使他人應該踢懷特一腳，因此玩心理遊戲的人往往面

臨被驅逐、被拋棄，或被解雇的下場。

女性所玩的相應遊戲是「衣衫襤褸」（Threadbare）。她們往往出自上流社會，卻盡力變得寒酸。她們注意到，由於各種「好的」原因，自己的收入從未高於維持生計的標準。即使突然獲得一筆橫財，也會被她們用來資助那些尋求自己幫助且有事業心的年輕人，這些年輕人往往用一些毫無價值的股票或類似的東西作為回報。這種女人俗稱為「媽媽的朋友」，她們總是喜歡提一些貌似明智的父母自我式建議，間接以他人的經驗為生。她們很少公開表達WAHM，只是透過勇敢奮鬥的行為與風度來暗示。

WAHM遊戲還有一種有趣的形式，會出現在適應良好的人身上，這種人所獲得的回報是不斷成功，並常常超出了自己的預期。對於這類人，如果他們自問「我究竟做了什麼從而獲得這些（成功）？」這種形式的「為什麼我總是會遇到這種事？」便可以引發一種嚴肅而具有建設性的思考，並帶來最富意義的個人成長。

Now I've Got You, You Son of a Bitch
4.「終於逮到你了，你這個渾蛋」遊戲：
透過心理遊戲，為自己發怒尋找正當理由

論述：透過不公正的待遇，獲取抱怨的機會

這是撲克遊戲中的經典一幕。主角懷特拿了一把必勝牌，例如四個A。如果他是個「終於逮到你了，你這個渾蛋」（縮寫NIGYSOB）玩家，此時比起贏牌或者贏錢，他更感興趣的是布萊克（遊戲配角）將完全任由自己擺布。

舉例來說，懷特需要裝幾條排水管，讓水管工人工作之前，他和工人

非常仔細的核算費用。大家都同意當確定價錢後，就不應該再有額外收費。最後因為加裝了一個預算外的閥門，工人在結算時多加了一點錢——相當於原本一萬塊台幣的工錢額外增加了一百多塊台幣。懷特十分生氣，打電話給工人要求他解釋。工人不肯讓步，於是懷特就寫了一封長信，質疑工人的誠信與職業道德，並且說除非取消額外費用，否則拒絕付款。最後工人妥協了。

很明顯，懷特和水管工人都在玩心理遊戲。他們在協商過程中知道彼此的（心理遊戲）潛力。在提交帳單時，工人下了挑釁的一步。由於懷特和工人已經達成協議，工人這樣做顯然是錯的，此時懷特覺得自己有充分理由對工人發怒。然而，懷特沒有用符合他為自己設定的成人自我標準方式和工人協商，而是抓住機會批評工人並延伸到否定他的整個生活方式，且還有可能帶著一絲無辜的惱怒。表面上，他們的爭論是成人自我對成人自我的溝通，也就是對已確定的金額進行正當經濟糾紛。在心理層面上，這是一種父母自我對成人自我的溝通：**懷特利用一些瑣碎小事作出貌似正當有理的抗議，借機向對手宣洩心中壓抑多年的憤怒**，這與他母親在類似情況下的做法一樣。他很快意識到自己的潛在態度（終於逮到你了，你這個渾蛋）並且發覺自己暗自竊喜工人刺激了自己。隨後他回想起自己從很小的時候，就開始尋找類似的不公平對待，並且同樣為之暗自高興，也激動不已的利用機會發洩憤怒。他已經忘記那些事件中真正刺激到他的是什麼，然而刺激後的鬥爭過程則歷歷在目。顯然，水管工人所玩的是「為什麼我總是會遇到這種事」遊戲的一種變形。

「終於逮到你了，你這個渾蛋」是一種雙人遊戲，我們必須將它和「這難道不夠糟嗎」遊戲（Ain't It Awful，縮寫 AIA）區分。在「這難道不夠糟嗎」遊戲中，玩家尋找不公正的待遇以向協力廠商抱怨。這是一種三人

遊戲，三個角色分別是「侵犯者」（迫害者）、「受害者」和「知己」，「這難道不夠糟嗎」遊戲的口號是「同病相憐」，扮演「知己」角色的人通常也會玩「這難道不夠糟嗎」遊戲。「為什麼我總是會遇到這種事」也是一種三人遊戲，不過遊戲主角用不幸來彰顯自己的卓越，並且痛恨比自己更不幸的人。「終於逮到你了，你這個渾蛋」可以轉化成一種商業性的三人職業遊戲，例如合夥勒索的「美人計」遊戲（badger game）。它也可以變成一種形式更為微妙的雙人婚姻遊戲。

反遊戲：採取正確的行為

要對抗這個心理遊戲，最好的方式就是採取正確的行為。**要和「終於逮到你了，你這個渾蛋」玩家建立契約式的人際關係，抓住最初的機會明確無誤的討論細節，並嚴格遵守已經確定的規則。**例如在臨床工作中，應該一開始就明定缺席或取消預約時的付費問題，此外還要特別留心不要在記帳時犯錯。如果出現未曾預料的意外事故，則要避免與玩家爭論，得體的表示屈服，直到治療師做好準備可以處理該心理遊戲。在日常生活中，與「終於逮到你了，你這個渾蛋」玩家進行生意往來時一定要預估風險。對待「終於逮到你了，你這個渾蛋」玩家的妻子時要禮貌、守規矩，不可以有任何挑逗、諂媚或輕蔑之舉，特別是當丈夫看似在鼓勵你這麼做時，就應該更小心。

主題：終於逮到你了，你這個渾蛋。

目的：為自己發怒尋找正當理由。

角色：*受害者、挑釁者。*

心理動力學：嫉憤。

範例：

（1）「這次被我逮到了吧」。

（2）嫉妒的丈夫。

社會層面的溝通：成人自我狀態－成人自我狀態

成人自我：「看，你做錯了。」

成人自我：「是你提醒了我，我想我真的做錯了。」

心理層面的溝通：父母自我狀態－兒童自我狀態

父母自我：「我會好好盯著你，就等著你犯錯。」

兒童自我：「這次被你抓到了。」

父母自我：「沒錯，讓你嘗嘗我的怒火！」

步驟：（1）刺激－責難；（2）防禦－責難；（3）防禦－懲罰。

獲益：

（1）為生氣找到正當的理由（內在心理獲益）。

（2）避免面對自己的不足（外在心理獲益）。

（3）「終於逮到你了，你這個渾蛋」（內在社交獲益）。

（4）「他們總是惹你生氣」（外在社交獲益）。

（5）通常是同性之間的相互鬥氣（生理獲益）。

（6）人都是不可信的（存在獲益）。

See What You Made Me Do

5.「看，都是你逼我的」遊戲：用來對抗貿然提出勸告的人

論述：夫妻間的「三星級婚姻破壞者」

　　這個心理遊戲最經典的形式是在夫妻之間進行，事實上，它是一個「三星級婚姻破壞者」，不過也可以在父母與子女之間，或者在工作場所中出現。

　　【第一級】懷特性格孤僻，他全心全意投入做某些事情而因此遠離人群。也許他此刻希望獨處，而妻子或某個孩子跑來尋求他的安撫，或問他像是：「長尖嘴鉗放在哪裡？」這樣的問題。對懷特而言，他們就像侵犯者。突然的打岔「讓」懷特失手弄掉了鑿子、油漆刷、打字機或烙鐵，於是懷特對這個侵犯者憤怒的大喊：「看，都是你逼我的。」

　　這種情況經年累月反復發生之後，家人愈來愈不敢在他做事情時打擾。「讓」他失手的當然不是侵犯者，而是他自己過於激動的反應。不過他很樂意發生這樣的事情，因為這給了他一個機會趕跑來訪者。不幸的是，孩子很容易學會這種心理遊戲，以至於代代相傳。玩家玩得愈具有誘惑性，其背後的滿足與獲益就愈清楚。

　　【第二級】第二級「看，都是你逼我的」遊戲（縮寫SWYMD）已經成為一種生活方式，而不只是作為保護機制偶爾為之。懷特娶了一位玩「我只是想幫你」或相關心理遊戲的妻子。這樣他就很容易在體貼、殷勤的幌子下聽從妻子的決定。他恭謙有禮，由妻子決定去哪裡吃飯或看哪一部電影。如果

決定正確、事情順利，他就享受一切；若事情出現問題，他就會直接或間接的責備她：「都是妳害的。」（You Got Me Into This，縮寫UGMIT），這是SWYMD的一種簡單變形。他也可能讓妻子決定如何教養孩子，他負責執行；若孩子出現麻煩，懷特就可以直接玩SWYMD遊戲。如果孩子變糟糕，這就成為丈夫長年責備妻子的基礎；此時說SWYMD不再是遊戲的結局，而是利用SWYMD所提供的機會對妻子表達：「我早就跟妳說了會變成這樣」或「看看妳造的孽」，以此獲得滿足。

利用SWYMD來獲得心理滿足的職業人士，也會在工作當中玩這個心理遊戲。在職場SWYMD遊戲中，長期受苦的怨恨表情代替了言語。玩家「民主的」或像「優秀管理者」那樣徵詢助手的意見。這樣他就可以站在無懈可擊的立場上對下屬實施恐怖控制。他所犯的任何錯誤都被用來針對下屬，稱「是下屬讓他這樣做的」。若他用自己的錯誤來指責上級，那將自討苦吃——在公司就會被解雇，在軍隊就會被調離原本的隊伍。這種情況是怨恨者所玩的「為什麼我總是會遇到這種事」遊戲的一部分，或者是憂鬱者所玩的「我又這樣了」遊戲（There I Go Again）的一部分，兩者都屬於「踢我吧」的系列遊戲。

【第三級】這是「看，都是你逼我的」遊戲最嚴重的形式，偏執狂個案借此來對抗那些貿然對他們提出勸告的人（詳見第191頁「我只是想幫你」遊戲）。這可能會有危險，且在極少數情況下甚至會致命。

「看，都是你逼我的」（縮寫SWYMD）和「都是你害的」（縮寫UGMIT）遊戲完美互補，因此這兩個遊戲的組合，是許多婚姻的隱蔽遊戲契約基礎。這種契約可由下述實例來說明。

在雙方同意的情況下，懷特太太負責家庭帳目和支付帳單，因為懷特先生的「算術不好」，所以他不參與核對帳目，一切由懷特太太獨立完成。每隔幾個月，他們就會被銀行通知帳戶透支，懷特先生不得不去銀行還款。一經探查，他們才發現家庭財政問題是因為懷特太太在沒有通知丈夫的情況下有幾筆昂貴的花費。當真相大白時，懷特先生就會極憤怒的宣稱「都是妳害的」，而懷特太太則會含淚接受他的指責，並保證下不為例。事情平穩了一段時間後，債主突然出現在他們面前，要求懷特家支付一筆長期未還的款項。懷特先生從來都不知道還有此筆帳目，於是詢問妻子；此時妻子就會玩「看，都是你逼我的」，說這都是他的錯，因為丈夫禁止家庭帳戶上出現赤字，她維持收支平衡的唯一方法就是欠下這筆巨額債款，同時還得向丈夫隱瞞此事。

每一次，他們都以為之後不會再發生，而且從此會有不一樣的生活（事實的確如此，但這通常只能維持數月，之後又故態復萌），結果這些心理遊戲持續了十餘年。在心理治療時，懷特先生沒有借助治療師的幫助，聰明的分析了這個心理遊戲，並且想出一個有效的解決辦法。和懷特太太協商之後，在雙方同意下，懷特先生將所有的賒款帳戶以及家庭

銀行帳戶都劃到自己名下。懷特太太繼續記帳付帳，不過要由懷特先生先過目並控制支出。使用這種方法後，他們共同承擔預算工作，再也沒有出現被討債或透支的情況。沒有了SWYMD-UGMIT遊戲所帶來的滿足感與獲益後，懷特夫婦一開始有點不知所措，但是很快就找到全新且具有開放性和建設性的方式來相互滿足。

反遊戲：應對三級SWYMD遊戲的不同處理方式

對抗第一級SWYMD遊戲的方法，是讓玩家獨處；針對第二級SWYMD遊戲，則是讓懷特自己做決定。

第一級玩家可能會因此感到被人遺棄，但是很少感到憤怒；要求第二級玩家自主做決定可能會讓他生氣，所以要系統性的阻斷SWYMD遊戲可能會造成的不愉快結果。

阻斷第三級SWYMD遊戲需要交給勝任此事的專業人士。

部分分析：為了獲得「逃避責任」這個外在心理獲益

此心理遊戲的目的在於「為自己的行為辯護」。輕度SWYMD遊戲的心理動力學機制可能與「早洩」有關，重度SWYMD遊戲的心理動力學機制則和基於「閹割焦慮的憤怒」有關。

孩子很容易學會玩這個心理遊戲。顯然，這個心理遊戲的外在心理獲

---

❹ 感謝美國加州奧克蘭市「酒癮治療與教育中心」(Center for Treatment and Education on Alcoholism)的諾斯博士（Rodney Nurse）和美森女士(Frances Matson)，同樣也感謝艾維茲博士（Kenneth Everts）、斯塔羅博士（R.J.Starrels）、高登博士(Robert Goulding)以及其他對酗酒問題特別感興趣的人，感謝他們在「酒鬼」遊戲研究上的努力以及對本文所做出的貢獻與批評。

益是逃避責任。關係中即將出現親密也是一種威脅，能促使發生此心理遊戲，因為「有理由」的生氣恰巧為玩家提供了相當好的藉口迴避性關係。該遊戲玩家的存在性心理地位是：「我無可指責」。❹

第**7**章

婚姻遊戲
Marital Games

-- ❦ --

在婚姻中所盛行的心理遊戲

-- ❦ --

幾乎所有心理遊戲都可以構成婚姻與家庭生活的骨架，只不過在婚姻這種契約式親密的法律效力下，像「要不是因為你」這樣的遊戲更為盛行，伴侶也能忍耐「性冷感的女人」遊戲更久。當然，這裡只是強行將「婚姻」遊戲與「性」遊戲（Sexual Games）分開，本書另有章節專門介紹「性」遊戲（請參考第9章）。

在婚姻關係中，最主要的心理遊戲包括：「困境」、「法庭」、「性冷感的女人」和「性冷感的男人」、「忙碌」、「要不是因為你」、「看，我已經努力試過了」以及「親愛的」。

Corner

1.「困境」遊戲：具操縱性並阻礙親密功能

論述：明知對方的真實意圖，卻藉由表面的狀況虛偽拒絕

比起大部分心理遊戲，「困境」遊戲更清楚說明了心理遊戲具操縱性的一面，以及具有阻礙親密的功能。該心理遊戲自相矛盾之處在於，玩家明明知道對方的真實意圖卻佯裝不知，以此虛偽的拒絕滿足對方的心意。讓我們來看看以下的溝通步驟：

【**步驟1**】懷特太太提議一起去看電影。懷特先生同意了。

【**步驟2a**】懷特太太犯了一個「潛意識」失誤，和懷特先生交談的過程中，她自然而然的提起房子需要粉刷。粉刷房子的費用不菲，而懷特先生才剛說過最近家裡的財務緊張，並要求懷特太太最近不要提起超過日常的支出，免得讓自己煩惱，至少這個月內不要提。因此，懷特太太現在提議要粉刷房子相當不合時宜，所以懷特先生的回應也很粗魯。

【**步驟2b**】另一種情況是，懷特先生引導雙方圍繞著房子展開話題，這讓懷特太太不由自主的提起房子需要粉刷。如同步驟2a，懷特先生粗魯的回應了她。

【**步驟3**】懷特太太很生氣，說：如果懷特先生的脾氣還是這麼差，那就自己去看電影，她不願意同行。懷特先生說：如果她非要這樣想，那他就會自己去看電影。

【**步驟4**】懷特先生去看電影（或和孩子出去），留下懷特太太一個人在家中自艾自憐。

這個心理遊戲可能暗含兩種機關：

【機關A】根據過往經驗，懷特太太很清楚面對丈夫的惱怒時，她不應該這樣處理。丈夫真正想要的是妻子能夠理解自己辛苦工作養家並不容易，這樣他們便可以一起開心的出門了。然而懷特太太偏偏不這樣做，這讓懷特先生感到很失望。他滿懷失望與怨恨離家而去，懷特太太則獨守家中表現出被丈夫傷害的樣子，但是內心深處卻隱隱產生一種獲勝感。

【機關B】根據過往經驗，懷特先生很清楚當妻子生悶氣時，自己不應該這樣做。妻子真正想要的是丈夫的甜蜜對待，這樣他們便可以一起開心的出門了。但是丈夫偏偏不這樣做，而且他也知道這種拒絕並不誠實，因為他知道妻子需要哄一哄，但他卻假裝不知道。丈夫離開家，感到高興和解脫，卻表現出被冤枉的樣子。妻子則感覺到失望和不滿。

　　就算沒有經驗，也能一眼看出上述情況中獲勝者的心理地位都是「我是無可指責的」；該方所做的一切都是從表面去理解對方。這在「機關B」中特別明顯，懷特先生從表面意義上理解懷特太太的拒絕，從而獨自離開家，他們都知道這並非懷特太太的本意，但是既然她說出口了，就活該被困住。

　　這個心理遊戲最明顯的獲益是「外在心理獲益」。夫妻兩個人都發現看電影能激發性慾，而且可以預期當他們看完電影回家後將會做愛。因此，若想迴避這種親密接觸，其中一方就會透過步驟2a或2b來開始這場心理遊戲。這是「吵鬧」遊戲特別容易激怒他人的一種變體（關於「吵鬧」

遊戲,請參考第175頁),「受委屈」的那一方處在自以為正當的憤怒狀態之中,當然就為「自己不願意做愛」找到了極佳的理由,而被困住的那一方則無計可施。

反遊戲:改變自己的心態、反思整個情勢

對懷特太太而言,要對抗這個心理遊戲很簡單。她只需改變自己的心態、微笑的挽住丈夫,和他一起出門即可(從「兒童自我狀態」轉為「成人自我狀態」)。但是對懷特先生而言,要對抗這個心理遊戲則相對困難一些,因為此時掌握主動權的是妻子。不過,如果他能反思一下整個情勢,或許就能說一些甜言蜜語哄她開心,這樣妻子就會像生氣的孩子得到安撫一樣,與他一起出門;更好的情況是,妻子能回到成人自我狀態。

「困境」遊戲中,還有一種是涉及孩子的家庭遊戲形式,與貝特森(G. Bateson)及其同事所描述的「雙重束縛」(double-bind)相似[1]。在這種家庭遊戲中,孩子被困住,無論他做什麼都是錯的。貝特森學派認為這是造成個案思覺失調的一個重要致病因素,用本書的術語來看,思覺失調可能是孩子反抗「困境」遊戲的方式。利用心理遊戲分析治療成人思覺失調個案的經驗則支持了該觀點——**如果分析「困境家庭」遊戲後,證明個案的思覺失調行為曾經且依舊是用來對抗該心理遊戲的方法,那麼有適當準備的個案,就有可能緩解甚至痊癒。**

某種整個家庭成員都參與其中的日常「困境」遊戲,最有可能影響年幼兒童的性格發展,該心理遊戲中的父母是非常容易干涉他人、非常「父母自我」的人。父母要求孩子做更多家事,但是當孩子去做的時候,又會挑他的毛病——典型的「做也不對,不做也不對」的家庭模式。這種「雙重束縛」可以稱為「兩難型」(Dilemma Type)困境遊戲。

「困境」遊戲有時候也可能會引發兒童哮喘。

小女孩：「媽媽，妳愛我嗎？」

母親：「告訴我，愛是什麼？」

這種回答沒有直接回應孩子的問題。小女孩想談論媽媽的愛，母親卻將談話轉向小女孩根本無法應付的哲學問題。於是小女孩開始覺得呼吸困難，母親則變得不耐煩；接著孩子開始哮喘，母親則為此道歉。此時「哮喘」遊戲（Asthma Game）便開始了。然而，「困境」遊戲的「哮喘型」則有待進一步研究。

「困境」遊戲還有一種較文雅的類型，可稱為「羅素－懷德海型」❶（Russell-Whitehead Type），這通常會發生在團體治療之中。

布萊克：「好了，不管怎麼樣，當我們沉默的時候，沒有人在玩心理遊戲。」

懷特：「也許沉默本身就是一種心理遊戲。」

瑞德：「今天沒有人玩心理遊戲。」

懷特：「不玩心理遊戲可能本身就是一種心理遊戲。」

在治療中對抗該心理遊戲也可以一樣文雅，那就是禁止提邏輯悖論。當懷特沒辦法玩這個花招時，他潛在的焦慮便會很快湧現出來。

婚姻遊戲中的「午餐袋」遊戲（Lunch Bag）與「困境」遊戲相當類似，

---

❶ 譯注：羅素（Bertrand Russell）與懷德海(Alfred N. Whitehead)為英國著名哲學家、數學家，兩人合著《數學原理》(Principia Mathematica)，創建「分析哲學」(analytic philosophy)，以兩人命名該心理遊戲，是因為遊戲中出現了羅素所提出的悖論。

同時也與「衣衫襤褸」遊戲（關於此遊戲，可參考第115頁）有關。原本，丈夫的經濟狀況可以去好的餐廳吃午餐，但是他卻每天早上自己做一些三明治，並用紙袋裝著帶去辦公室。這樣他便能將家裡剩下的麵包皮、前一天晚上剩餘的食物，還有妻子累積下來的紙袋統統用掉。這個方法能讓丈夫完全控制家庭財務——看到丈夫如此自我犧牲，妻子還怎麼好意思幫自己買一條貂皮披肩呢？這種方法還為丈夫帶來其他好處，例如他可以獨自享用午餐，也可以利用午餐時間趕緊工作。從很多方面來看，這是一種具建設性的心理遊戲，班傑明・富蘭克林（Benjamin Franklin）❷若地下有知，也一定會贊同這個心理遊戲，因為這個遊戲鼓勵節儉、勤奮和守時的美德。

Courtroom
2.「法庭」遊戲：公開贏得這場辯論以獲得安心

論述：將所有人拉入無止境的辯論當中

從描述上來看，這個心理遊戲與那些在法律上表現最為突出的心理遊戲同屬一系，例如「義肢」遊戲（以精神病為由做無罪辯護，請參考第210頁）和「欠債者」遊戲（涉及債務的民事訴訟，請參考第111頁）。但是在臨床上，該心理遊戲常見於婚姻諮商和伴侶團體治療之中，甚至有些婚姻諮商和伴侶團體治療，就是在永無止境的玩「法庭」遊戲——若該心理遊戲不止，便無法解決任何問題。在這種情況下，諮商師或治療師很明顯已不自覺的深深捲入了該心理遊戲之中。

「法庭」遊戲的玩家人數不限，但是本質上是一種三人遊戲，包括「原告」、「被告」和「法官」，分別代表了丈夫、妻子和治療師。如果是在團體治療、電台或電視節目中玩這個心理遊戲，其他聽眾或觀眾就是

陪審團。丈夫先開始，他滿臉哀怨的說：「讓我告訴你我老婆昨天都做了什麼。她……」諸如此類。然後妻子防衛性的回應：「事實上，事情是這樣的……不是他剛才說的那樣……總之當時我們都……」諸如此類。丈夫接著說：「好吧，很高興你們有機會聽到雙方對於這件事的意見，我只想要得到公正的判決。」此時治療師很審慎的說：「在我看來，如果我們這樣考慮……」諸如此類。如果還有其他聽眾，治療師也許會把問題拋給他們：「好，現在來聽聽其他人想說什麼。」如果這個團體已經有很多治療經驗，沒有治療師的指導，他們也會扮演陪審團角色。

反遊戲：治療時禁止使用「第三人稱」

治療師對丈夫說：「你是正確的！」如果丈夫聽到後感到心滿意足，或得意揚揚的放鬆下來，這時治療師問他：「我剛才說的話，讓你有什麼感覺？」丈夫說：「感覺很好。」那治療師就說：「事實上，我認為這件事是你的錯。」如果丈夫夠誠實，他會說：「其實我一直都知道是我的錯。」如果他不夠誠實，接下來的反應會讓人清楚看到這是一個心理遊戲。這樣他們就可以更進一步探索這個遊戲。**這個過程中，心理遊戲的成分在於，雖然「原告」公開要求贏得這場辯論，但是從根本上來看，他覺得自己是錯的。**

當有足夠的臨床資料，並確定夫妻間的問題是什麼之後，治療師可以採取最為精妙的方法阻斷該心理遊戲——治療師定下一條規矩，禁止在團體治療中使用「第三人稱」。這樣，成員只能直接稱對方為「你」，或者用「我」來談論自己，而不能說：「讓我來告訴你，他（或她）……」此

---

❷　編注：美國科學家、政治家，其在電學上的研究與發現相當重要。

時，夫妻就無法在治療團體中玩「法庭」遊戲，他們或許會轉而玩比「法庭」遊戲更豐富的「親愛的」遊戲（Sweetheart），或者轉向完全沒有幫助的「除此之外」遊戲（Furthermore）。本章後續另有一小段專門介紹「親愛的」遊戲，請參考第145頁。在「除此之外」遊戲中，「原告」一個接一個提出控訴，「被告」對每一個控訴的回答都是「我能解釋」。然而「原告」不理會「被告」的解釋，一旦「被告」停下來，「原告」就會用「除此之外……」來提出另一項指控，這又會帶來「被告」新的解釋——典型的「父母自我狀態－兒童自我狀態」溝通。

偏執型的「被告」會玩最為頑固的「除此之外」遊戲。因為這類被告喜歡咬文嚼字，很容易讓那些以幽默或者比喻方式來表達的「原告」大為挫敗。一般而言，在「除此之外」遊戲中明顯要避免的陷阱就是「比喻」。

日常中的「法庭」遊戲形式也很容易在孩子間觀察到，這是一個發生在父母與兩個孩子之間的三人遊戲：

「媽媽，她搶走我的糖果。」

「可是他也拿走了我的洋娃娃，還打我，而且我們說好了要平分這些糖果的。」

「法庭」心理遊戲分析

主題：他們必須承認我才是對的。

目的：獲得安心。

角色：*原告、被告、法官*（和／或*陪審團*）。

心理動力學：同胞競爭。

範例：

（1）孩子們爭吵，父母介入。

（2）已婚的夫妻尋求「幫助」。

社會層面的溝通：成人自我狀態－成人自我狀態

成人自我：「這是她對我做的事情。」

成人自我：「事實上，情況是這樣的。」

心理層面的溝通：兒童自我狀態－父母自我狀態

兒童自我：「告訴我我是對的。」

父母自我：「這個人是對的。」或：「你們都沒錯。」

步驟：（1）控訴－辯護；（2）原告反駁、讓步或者擺出善意的姿態；（3）法官作出決定或者請陪審團判斷；（4）做出最後裁決。

獲益：

（1）投射內疚感（內在心理獲益）。

（2）免除內疚感（外在心理獲益）。

（3）「親愛的」、「除此之外」、「吵鬧」和其他心理遊戲（內在社交獲益）。

（4）法庭遊戲（外在社交獲益）。

（5）來自法官或陪審團的安撫（生理獲益）。

（6）憂鬱心理地位——「我總是犯錯」（存在性獲益）。

Frigid Woman

3. 「性冷感的女人」遊戲：為了獲取自我辯護的機會

論述：跳過當下的問題，直奔婚姻中的財務問題

這個心理遊戲通常發生在婚姻之中，因為很難想像一段非正式的情感關係能在這麼長的時間裡提供該心理遊戲所需的機會與特權，而且也難想像非正式的情感關係，在面對這個心理遊戲時還能夠維持下來，讓我們看一下下列案例：

丈夫想和妻子做愛卻遭到拒絕，丈夫嘗試了幾次後，妻子對他說：所有男人都是禽獸，他並不是真的愛她；或者說：他所愛的並不是她這個人，他只對性感興趣。丈夫暫時停止嘗試，一段時間後又開始嘗試，但同樣被拒絕。最終他選擇放棄，不再試著與妻子發生性關係。

幾週或幾個月過去後，妻子變得愈來愈隨便，有時候甚至會相當「健忘」——她會半裸著身體走進臥室，或者洗澡時忘記帶毛巾叫丈夫拿給她。如果她所玩的這個心理遊戲程度更激烈，或者當中加入了大量飲酒，她也許會在聚會中與其他男人調情。

丈夫最終對這些挑逗做出反應，他再次嘗試與她發生性關係，又再一次遭到拒絕。接下來就會出現將他們目前的行為、其他夫婦、他們的姻親、財務狀況，以及他們的各類失敗都捲入進來的「吵鬧」遊戲，最終以「砰的一聲摔上門」結束。

這一次丈夫下定決心徹底放棄，決定過無性的生活，完全不理妻子春光乍現和忘記毛巾的花招。妻子隨便的衣著和健忘的狀況愈來愈具有挑逗性，但是丈夫依然堅持著。然後，某天晚上她主動靠近並吻了他。一開始丈夫不予回應，謹記自己的決心，但是很快的，本能在長久飢渴下主導了

一切，他確信這次應該會成功。一開始，丈夫的試探沒有遭到妻子拒絕，於是愈來愈進入狀況，就在關鍵時刻，妻子突然後退並且哭著說：「你看，我早就說過！男人都是禽獸，我想要的是感情，可是你滿腦子只有性！」這時候，「吵鬧」遊戲就會跳過前期有關他們當前的行為、姻親關係的爭吵階段，直奔財務問題。

應該注意的是，儘管丈夫對妻子的性冷感表示抗議，但是他對性親密的害怕程度，實際上並不亞於妻子，他透過選擇合適的伴侶盡可能減少暴露自己潛在問題的風險，甚至還能夠轉而歸咎於對方。

該心理遊戲在日常生活中的形式，會發生在不同年齡的未婚婦女中，她們因此獲得了一個常見的不雅綽號。這種遊戲也經常與「憤慨」遊戲（Indignation）或「挑逗」遊戲（Rapo）合併。

反遊戲：雙方參與溝通分析團體治療

「性冷感的女人」是一個危險的心理遊戲，對抗該遊戲同樣具有危險。（丈夫）找一個情婦就像一場賭博，在競爭刺激之下，妻子也許會放棄這個遊戲並試著過正常的婚姻生活，但是這也許已經太遲；另一種情況是妻子玩「終於逮到你了，你這個渾蛋」遊戲，在律師的幫助下，利用丈夫的婚外情來對付他。若丈夫單方面接受心理治療，其結果同樣不可預知。隨著丈夫變得更強大，妻子的心理遊戲也許會失敗，從而帶來更健康的調整；但是如果她是一個頑固的玩家，丈夫單方面的進步會導致離婚。如果可以的話，最理想的解決方法是雙方都參加溝通分析團體治療，該心理遊戲潛在的獲益和根本的「性心理病理」，都會在治療中暴露出來，在這種情況下夫妻雙方才有興趣接受更集中的個體心理治療。這可以帶來心

理意義上的再婚。如果不是這樣，至少也能夠讓夫妻雙方對婚姻做出更積極的調整。

較為得體，並用來對抗該心理遊戲在日常生活形式的方法，是轉而尋找其他合適的夥伴。那些用來對抗該心理遊戲更精明或更蠻橫的方法，可能是走上歪路甚至是犯罪❸。

與「性冷感的女人」相關的心理遊戲

該心理遊戲的角色逆轉形式——「性冷感的男人」並不常見，但是其過程相似，只是細節有些許變化。遊戲的最終結局也取決於夫妻雙方的人生腳本。

「性冷感的女人」遊戲的關鍵點以「吵鬧」遊戲結束。一旦到了這一步，雙方就不可能有性親密，因為此時雙方都從「吵鬧」遊戲中獲得了「倒錯」的性滿足，無須再從對方那裡激發性興奮。因此，**要對抗「性冷感的女人」遊戲，最重要的一點在於拒絕「吵鬧」遊戲**。這將帶給妻子無法獲得性滿足的狀態，這種狀態將強烈到令她更願意與丈夫發生關係。使用「吵鬧」遊戲的方法可以用來區分「性冷感的女人」遊戲和「爸爸打我吧」遊戲（Beat Me Daddy），對後者而言「吵鬧」遊戲是一種前戲；在「性冷感的女人」遊戲中，「吵鬧」替代了性行為。因此，在「爸爸打我吧」遊戲中，「吵鬧」是性行為的條件，類似於可以提高性興奮的迷戀物，而在「性冷感的女人」遊戲中，「吵鬧」意味著遊戲結束。

「性冷感的女人」遊戲的兒童期版本，是狄更斯（Charles John Huffam Dickens）在《遠大前程》（*Great Expectations*）中所描述的那位一本正經的小

---

❸ 譯注：可能是非法手段誘姦或強姦。

主題：終於逮到你了，你這個渾蛋。

目的：自我辯護。

角色：*正派的妻子、不體諒人的丈夫*。

心理動力學：陰莖嫉妒。

範例：（1）謝謝你幫我用泥巴做了一塊餅，你真髒。

（2）挑逗但性冷感的妻子。

社交層面的溝通：父母自我狀態－兒童自我狀態

父母自我：「我允許你幫我用泥巴做一塊餅（吻我）。」

兒童自我：「我很樂意這樣做。」

父母自我：「現在看看你有多髒。」

心理層面的溝通：兒童自我狀態－父母自我狀態

兒童自我：「看你能不能誘惑我。」

父母自我：「如果你阻止我，我就會嘗試。」

兒童自我：「看，是你先開始的。」

步驟：（1）引誘－回應；（2）拒絕－放棄；（3）挑逗－回應；（4）拒絕－
吵鬧遊戲。

獲益：

（1）避免因施虐幻想而產生的內疚感（內在心理獲益）。

（2）避免出現自己所害怕的身體暴露和性器侵入（外在心理獲益）。

（3）吵鬧遊戲（內在社交獲益）。

（4）你會怎麼對待髒兮兮的男孩（丈夫）呢？（外在社交獲益）。

（5）抑制性交，代之以爭鬥（生理獲益）。

（6）「我是純潔的」（存在性獲益）。

女孩——她穿著古板，叫一個小男孩幫她用泥巴做一塊餅，然後嘲笑他髒兮兮的雙手和衣服，並且向他炫耀自己有多麼乾淨。

Harried

4.「忙碌」遊戲：為了獲得無法從家庭照顧中得到的滿足

論述：攬下所有工作，甚至要求更多工作

通常，忙碌的家庭主婦會玩這種心理遊戲。她需要承擔十至十二種不同工作；換句話說，她需要得體的扮演十至十二種角色。報紙的週日特刊上，時不時會半戲謔的出現這些工作或角色的名單：女主人、母親、護士、女傭等等。由於這些角色通常相互衝突且令人疲憊，經年累月後這些負擔就會導致一種可象徵性稱為「家庭主婦的膝蓋」（Housewife's Knee）的症狀（因為主婦在刷洗、抬東西，以及駕駛等日常事務時都需要使用膝蓋），她們的症狀可簡單概括為一句抱怨：「我累了。」

現在，如果這位家庭主婦能夠把握好自己的節奏，並且能從關愛丈夫與孩子中獲得足夠的滿足，那她不僅是在為家庭服務，而且能享受這麼多年的主婦生活，然後帶著一絲寂寞看著最小的孩子離家去上大學。但是如果她一方面被內在父母自我驅使，被她所選擇的苛刻丈夫批評（這也是她做出該選擇的意圖所在），另一方面她無法從照顧家庭中獲得足夠的滿足，她便會變得愈來愈不開心。一開始，她還能透過「要不是因為你」遊戲和「瑕疵」遊戲（Blemish，請參考第151頁）來自我安慰（確實，當遇到困難的時候，家庭主婦就會求助於這些心理遊戲）；可是很快的，這些都不管用了。她必須找到其他方法，這個方法就是「忙碌」遊戲。

這個心理遊戲的過程很簡單。她承擔所有的事情，甚至還要求更多。

她同意丈夫對自己的批評，也順從孩子的所有要求。如果她要招待客人，她感覺到自己不僅要當一個社交高手，還要扮演好女主人、室內設計師、大廚、迷人女郎、純潔女王，以及外交官等多種角色，當天早上她還自願烤蛋糕並送孩子去看牙醫。哪怕已經疲憊不堪，她也要讓這一天更忙碌。就這樣，到了下午，她理所當然的病倒了，什麼事情都沒有完成。她讓丈夫、孩子和客人都失望了，深深的自責也讓她更為痛苦。

類似情況發生了兩、三次之後，她的婚姻瀕臨破裂、孩子不知所措，而她的體重驟降、蓬頭垢面、面容憔悴、無精打采。接著，她便會出現在精神科醫師的診間裡，準備住院。

反遊戲：按照順序扮演其角色

從情理上來看，對抗該心理遊戲的方法很簡單：懷特太太在一週當中可以按照順序一個接著一個扮演其角色，不得同時承擔多個角色。比方說，如果她要辦一場雞尾酒會，她不是擔任大廚，就是擔任保母，但是不可以同時兼任。如果她只是受「家庭主婦的膝蓋」病痛所困擾，那麼她應該能夠透過這種方式來限制自己。

但是如果她真的在玩「忙碌」遊戲，就很難堅持這個原則。在這種情況下，她會精心選擇一位要求苛刻的丈夫，或者平時通情達理，可是一旦他認為妻子不如自己母親能幹時，就會大肆批評的丈夫。實際上，她嫁給了丈夫永存於父母自我狀態之中的母親幻想，這種幻想也與她對自己母親或祖母的幻想相似。找到一位合適的伴侶之後，她的兒童自我就會陷入這種為了維持心靈平衡而必須忙碌不堪的角色之中，也很難放下這個角色。工作上，丈夫承擔的責任愈多，兩個人就愈容易找到貌似成人自我的理由來維持雙方關係中這種不健康的情況。

通常是學校方面正式干預不幸福的孩子，以至於難以維持這種狀況，此時精神科醫師被要求介入，從而形成一種三人遊戲。不是丈夫希望醫師徹底檢查和治療妻子，就是妻子希望醫師與自己一起對抗丈夫，而精神科醫師的技巧與警覺性便決定了接下來會發生什麼情況。通常在第一階段，妻子的憂鬱將得以緩解；在第二階段，她將放棄「忙碌」遊戲，改玩「精神病學」遊戲。這是相當關鍵的一步，很容易激發夫妻之間愈來愈強烈的對立。有時候，這種對立會完美隱藏然後突然爆發，儘管並非全無預兆。如果能度過這個階段，接下來就可以真正實施心理遊戲分析。

我們必須了解，真正的罪魁禍首是妻子的父母自我狀態，這源自於她的母親或祖母；在某種程度上，丈夫只是被用來在心理遊戲中扮演相關角色的傀儡。**治療師要挑戰的不僅是妻子的父母自我狀態和深深捲入心理遊戲之中的丈夫，還包括鼓勵妻子順從其角色的社會文化。**報紙刊登了一篇關於家庭主婦要承擔多少角色的文章一週以後，週日特刊又提出了一個「我做得怎麼樣」的測試：用十個題目來測試「作為一名女主人（妻子、母親、主婦、家庭財務管理者），妳有多稱職？」對於玩「忙碌」遊戲的家庭主婦而言，這些測試為她們設定了規則，就相當於孩子玩遊戲時所附的遊戲要求。這些測試也能加速「忙碌」遊戲的演進，若不加以制止，它將演變為「州立醫院」遊戲（State Hospital Game，「我最不希望的，就是被送進醫院」）。

對於這樣的夫妻，有一個實際困難在於丈夫往往不是在治療中玩「看，我多努力（挽救我們的婚姻）啊」遊戲（Look How Hard I'm Trying），就是完全避免參與到治療之中，因為他實際的困擾比他願意承認的還要大。相反的，丈夫會透過突然對妻子暴怒間接向治療師傳遞訊息，因為他知道妻子一定會告訴治療師。因此，「忙碌」遊戲很容易發展到第三級——變

成了一場攸關生死與離婚的鬥爭。精神科醫師總是獨自處理，他唯一的盟友是個案忙碌的成人自我，而個案的父母自我和兒童自我，卻和丈夫的三種自我狀態結合在一起，並且與她的成人自我展開殊死搏鬥。這是一場以二敵五的激烈戰鬥，只有最專業的治療師在完全擺脫該心理遊戲的情況下才能應戰。如果治療師膽怯了，最容易的方法是退出，然後將個案交給法庭，這也相當於在說：「我投降，你來和他鬥吧。」

If It Weren't for You
5.「要不是因為你」遊戲：為了避免面對真實的恐懼

論述：以隱藏溝通為基礎的整套社交行為

我們在第5章已經詳細分析了該心理遊戲。這是繼「你為什麼不－的確，但是」遊戲後所發現的第二個遊戲。之前，人們只是將它視為一種有趣的現象。隨著進一步探索「要不是因為你」遊戲（縮寫IWFY），我們才發現這是一種以隱藏溝通為基礎的整套社交行為。這使我們更積極的開始研究此類行為。本書第二部，便是其中一項研究成果。

簡而言之，一個女人嫁給了一位專橫的男人，男人限制女人的行為，因而讓她免於面對令其恐懼的場合。如果他們之間的交往只是一種簡單的操作，那麼在男人設下限制的時候，妻子會表示感謝。但如果是IWFY遊戲，她的反應則會截然不同——她會利用這種情況抱怨丈夫的限制，這讓丈夫感到不安並帶給她各種獲益。其內在社交獲益便是這個心理遊戲，外在社交獲益是從該心理遊戲衍生出來的消遣——「要不是因為他」。而妻子會與自己意氣相投的女性朋友一起玩這種消遣。

Look How Hard I've Tried

6.「看，我已經努力試過了」遊戲： 為了讓自己處在有利的位置

論述：透過假意的順從，獲得最終的優勢

　　該心理遊戲最常見的臨床形式，是由一對夫婦和一位精神科醫師❹所玩的三人遊戲。（通常是）丈夫表面上聲稱要挽救婚姻，但實際上卻千方百計的想要離婚；而妻子則更真誠的渴望繼續這段婚姻。丈夫非常不情願的去見治療師，會面次數剛好向妻子表示自己正積極配合治療；丈夫在治療中經常玩較溫和的「精神病學」遊戲或「法庭」遊戲。隨著時間流逝，他不是在假意順從中表露出愈來愈多的不滿，就是在治療師面前變得好鬥且愛爭論。一開始，他在家裡表現出更多「理解」和「克制」，但是其最終的言行比以往更糟。

　　在一次、五次或十次會談後（這取決於治療師的技巧），丈夫拒絕繼續治療轉而去打獵或釣魚。然後，妻子被迫提出離婚。現在丈夫是無可厚非的，因為妻子先提出離婚，而且他也透過去見治療師展現了自己的誠意。他處在一個非常有利的位置上，可以向任何律師、法官、朋友或親戚宣稱：「看，我已經努力試過了！」

反遊戲：夫妻必須一起與治療師會面

　　夫妻必須一起與治療師會面。如果其中一方（假設是丈夫）很明顯在玩

---

❹　譯注：在伯恩那個時代，展開心理治療的通常是精神科醫師，故本書會交替使用「精神科醫師」和「治療師」。

這個心理遊戲，另一方去接受治療，但是當玩家因為沒有準備好接受治療所以依然如故，他還是可以離婚，而這時候他便沒有資格宣稱自己真的努力過。如有必要，妻子也可以提出離婚，因為她的確努力爭取過，所以更有資格這麼做。最好的結局是，丈夫的心理遊戲失敗，從而進入絕望狀態，然後懷著真實的動機向另一位治療師尋求治療。

該心理遊戲最常見的日常形式，就是孩子與父母所玩的雙人遊戲。玩家的心理地位不是「我很無助」就是「我沒有錯」：孩子努力嘗試，但可能因為笨拙而搞砸或沒有成功。如果他是「無助」的，父母就必須幫他做；如果他「沒有錯」，那父母就沒有理由懲罰他，而心理遊戲的這些成分昭然若揭。父母必須查明兩點：當中是誰教會了孩子這個心理遊戲，以及他們又是怎麼樣讓這個遊戲持續下去的。

該心理遊戲有一個有趣但有時又危險的變體是「看，我都這麼努力了」遊戲（Look How Hard I Was Trying），該心理遊戲的嚴重程度更高，通常達到第二級或者第三級水準。我們可透過身患胃潰瘍卻不忘努力工作的男人來說明這個心理遊戲：很多患有漸進式疾病的人，都能夠盡力應對這種情況，並且以正當途徑獲得家人的支持。但是這些症狀（問題）也可以為了隱祕的目的而被人加以利用。

【第一級】男人告訴妻子和朋友他患了胃潰瘍，同時也讓他們知道自己持續在工作，並贏得了他們的欽佩。也許一位身懷病痛之人有權利炫耀自己的毅力，以此作為對其痛苦的一點補償。他沒有利用自己的病痛來玩「義肢」遊戲，這本身就值得尊重，而且他還繼續履行自己的責任，這更應該得到一定的獎賞。對這種「看，我多努力啊」遊戲（Look How Hard I'm Trying）最為合適的回應是：「對，我們都很欽佩

你這麼堅強和盡責。」

【第二級】男人得知自己患了胃潰瘍，但是並沒有告訴妻子和朋友。他和以往一樣繼續努力工作且心懷擔憂，終於有一天，他病倒在崗位上。當妻子得知他病倒時，就會立刻接收到他所傳遞的訊息：「看，我都這麼努力了。」現在，妻子應該前所未有的感激他，並且為過去對他說過和做過的錯事感到內疚。簡而言之，丈夫過去打動她的方法都已經無用，一發起此心理遊戲，妻子就必須愛他。不幸的是，對丈夫而言，妻子現在所表現出來的感情和掛念是受到內疚感的驅使，而非源自於愛。在內心深處她很可能心懷怨恨，因為丈夫用不公平的手段來對付自己，而且還透過隱藏患病的消息占自己便宜。簡而言之，比起一顆穿孔的胃，一枚鑽石手鐲是更真誠的求愛方式。她可以選擇將珠寶扔回去，卻無法對胃潰瘍置之不理。突如其來的嚴重疾病更有可能讓妻子感受到自己是被迫付出關愛而非真正芳心相許。

我們可以在個案首次得知自己可能患有漸進式疾病後，立刻發現該心理遊戲。如果他打算玩此心理遊戲，在那一刻起，內心很可能閃過整個計畫。我們可以透過詳細的精神科訪談發現隱藏在成人自我狀態下，並對疾病所帶來的現實問題的擔憂，是得知有此利器在手而暗自竊喜的兒童自我狀態。

【第三級】更兇險和更惡意的，是因為嚴重疾病導致突如其來且未事先告知的自殺。丈夫的胃潰瘍發展成癌症，妻子卻完全不

主題：我不能任由他們擺布。

目的：自我辯護。

角色：*固執鬼*、迫害者、權威者。

心理動力學：肛慾期被動攻擊（Anal passivity）。

範例：

（1）孩子穿衣服。

（2）夫妻尋求離婚。

社交層面的溝通：成人自我狀態－成人自我狀態

成人自我：「該去（穿好衣服）（去見心理治療師）了。」

成人自我：「好的，我會試試。」

心理層面的溝通：父母自我狀態－兒童自我狀態

父母自我：「我會讓你（穿好衣服）（去見心理治療師）。」

兒童自我：「你看，這沒有用。」

步驟：（1）建議－抵抗；（2）逼迫－屈從；（3）贊許－失敗。

獲益：

（1）免於因攻擊而產生的內疚（內在心理獲益）。

（2）規避家庭責任（外在心理獲益）。

（3）「看，我已經努力試過了」（內在社交獲益）。

（4）外在社交獲益同上❺。

（5）爭鬥（生理獲益）。

（6）我是無助的／我沒有錯（存在性獲益）。

---

❺　譯注：在聚會及其他社交場合自我辯解：「看，我已經努力試過了！」

知情，有一天她走進浴室發現丈夫已自殺身亡。其遺言已經很清楚的在說：「看，我都這麼努力了。」如果類似的事情在同一位女性身上發生了兩次，那她應該查清楚自己一直在玩的是什麼心理遊戲。

Sweetheart
7.「親愛的」遊戲：避免自己暴露缺點而深感難堪

論述：當玩家感到被冒犯而需要防禦時

婚姻團體治療的早期階段，當玩家感到被冒犯而需要防禦時，就會充分展現這個心理遊戲，而該心理遊戲也可以出現在社交場合。懷特先生以說一件趣事偽裝，巧妙貶損了懷特太太一番，然後在結束時說：「是不是這樣啊，親愛的？」懷特太太往往會因為兩個表面上的成人自我理由而表示同意：

【理由1】因為所說的這件軼事，大致上沒有差錯，而反對其中一些次要的細節，會讓人有一種迂腐的感受（但是這些細節卻恰好是重點所在）。

【理由2】因為反對一個在公眾場合稱自己「親愛的」的男人，是很無禮的。但是實際上，她表示同意的心理原因源自於她的憂鬱心理地位。她之所以嫁給這個男人，正好是因為她知道這個男人會對她做這樣的事情——暴露她的缺點，讓她可以避免因為自己暴露這些缺點而深感難堪。小時候，她的父母便是這樣對待她的。

反遊戲：回答「是的，親愛的」

這是繼「法庭」遊戲之後，在婚姻治療團體中最為常見的心理遊戲。在公開該心理遊戲潛在的怨恨之前，情況愈緊張時，愈容易暴露心理遊戲，而玩家就會愈恨恨的說：「親愛的。」經過仔細考慮，這個心理遊戲可視為「傻瓜」遊戲的相關心理遊戲，因為該心理遊戲最重要的一步，是懷特太太含蓄的原諒了懷特先生的怨恨，她努力不去覺察先生的不滿。因此，對抗「親愛的」遊戲的方法，與對抗「傻瓜」遊戲的方法一樣（請參考第152頁）：「你可以說一些貶損我的趣事，但是請不要叫我『親愛的』。」這種方法所產生的危險也與對抗「傻瓜」遊戲一樣，而阻斷該心理遊戲更圓滑且危險性更少的方法，是回答：「是的，親愛的！」

另一種形式是妻子不同意丈夫的貶損，而用類似的方式，也說一說丈夫的「趣事」，例如：「你的臉也髒髒的，親愛的。」

有時候，在心理遊戲中不會真的說「親愛的」這樣的詞，但是細心的聽者依然能夠聽出來，這便是「沉默型親愛的」遊戲。

第 **8** 章

聚會遊戲

Party Games

━━━━━━━━━━━━━━ ❧ ━━━━━━━━━━━━━━

聚會場合中所出現的消遣與心理遊戲

━━━━━━━━━━━━━━ ❧ ━━━━━━━━━━━━━━

聚會是消遣的場所，消遣則是聚會的主要活動（也包括團體治療正式開始前的一段時間），然而隨著參與者進一步熟識，就會開始出現心理遊戲。「傻瓜」及其受害者能彼此識別，就像「老大」（Big Daddy）和「敝人我」（Little Old Me）一樣；他們相互熟悉但是都忽略了潛在的選擇過程。本章討論的是一般社交情境中的四種典型心理遊戲：「這難道不夠糟嗎」、「瑕疵」、「傻瓜」和「你為什麼不－的確，但是」。

Ain't It Awful

1.「這難道不夠糟嗎」遊戲：為了迴避其他親密與責任

論述：四種形式的消遣與心理遊戲

這個心理遊戲主要有四種形式：父母自我式消遣、成人自我式消遣、兒童自我式消遣，以及心理遊戲。作為消遣，它沒有終場或報償，但是會

產生很多不舒服的情緒感受。

【形式1】「如今」（Nowadays）是一種自以為是、帶有懲罰，甚至是惡毒的父母自我狀態所參與的消遣，有一點獨立收入的某些中年婦女經常玩這種消遣，例如：有一位女士退出了團體治療，因為在團體治療中，她習慣的消遣開場並沒有如她在自己的社交圈裡得到習慣的熱切回應，反而引來一陣沉默。她（懷特）在團體中評論：「說到人與人之間的信任感。這也難怪，如今你還能相信誰呢！我剛好檢查了一位房客的桌子，你們絕對想不到我發現了什麼。」她所參與的恰巧是一個熟悉心理遊戲分析的成熟團體，所以其他成員並沒有一起捲入這種消遣之中。她對現今大部分社會問題都有答案：青少年犯罪（如今的父母都太軟弱了）；犯罪（如今有太多外國人搬入白人居住區）；物價上漲（如今的商人太貪婪了）。她明確表示，無論是失足的兒子還是行為不正的房客，她都不會對他們心慈手軟。

「如今」的口號是「這也難怪」（It's no wonder），這個特徵讓它不同於那些張家長李家短的閒言碎語。兩者的開場可能類似（「他們說慕格朵先生……」），但使用「如今」的方向明確，也有結論，因為參與者會提出「解釋」。而閒言碎語僅是無方向的漫談，結果也可能不了了之。

【形式2】「破皮」（Broken Skin）則是更和善的成人自我式消遣，其口號是「好可憐啊！」（What a pity）不過其潛在的動機依然是病理性的。「破皮」主要涉及流血，本質上是一種非正式的「臨床研討會」❶。每個人都可以報告「案例」，

且愈可怕愈好、愈詳細愈棒。臉被人揍了、腹部手術，還有難產，都是適合的話題。它和閒言碎語的差別在於——參與者分享時的競爭性和外科的複雜程度。大家系統性的探討病理解剖學、診斷、預後，以及對照案例研究。「閒言碎語」能認可好的預後，但是「破皮」無法接受充滿希望的預後前景，除非這種前景明顯且不真實，否則「資格審查委員會」就會祕密開會，因為他們發現這個玩家不願意當「共犯」❷。

【形式3】「飲水機旁」（Water Cooler）或「下午茶時間」（Coffee Break）❸是兒童自我式消遣，口號是「看看他們正在對我們做什麼」（Look what they're doing to us now）。這種消遣是「這難道不夠糟嗎」在機構或組織中的變體。人們也可以在天黑以後玩更溫和一點的變體，也就是坐在「酒吧高腳凳上」（Bar Stool），討論政治或經濟問題。它實際上是一種三人消遣，那個手上拿撲克牌A的人❹，就是消遣者嘴裡影射的「他們」。

【形式4】作為一種心理遊戲，「這難道不夠糟嗎」在「手術成癮者」（polysurgery addict）身上有最戲劇性的表現，他們的溝通正說明了這個心理遊戲的特點。有一類「逛醫院者」（doctor-shopper），即使遭到醫生合理拒絕，也依然積極要

---

❶ 譯注：這裡，伯恩非常認真的開著玩笑。
❷ 譯注：因此，這個人不適合繼續待在這個聚會裡。
❸ 譯注：辦公休息時間在休息區的飲水機旁或喝著咖啡閒聊這類消遣。
❹ 譯注：被另外兩個人評論的對象。

求手術。住院和手術這樣的經歷本身就可以帶來獲益，其內在心理獲益來自於讓身體受損；外在心理獲益則是除了徹底委身於手術之外，可以迴避其他親密和責任；其典型的生理獲益是得到護理，其內在社交獲益來自醫師和護士群體以及其他個案；當個案出院後，其外在社交獲益可透過激發他人的同情和敬畏而獲得。該遊戲最極端的形式來自於職業玩家，也就是那些透過不法或欺詐手段確保自身損失，以索取賠償的原告，他們透過故意或尋找機會讓自己傷殘來謀生。所以他們不僅像業餘玩家那樣需要同情，還索要賠償。當玩家公開表示痛苦但背地裡卻因為能從自己的不幸中榨取滿足而暗自高興的時候，「這難道不夠糟嗎」便成為一種心理遊戲。

一般而言，遭遇不幸的人可以劃分為三種類型：

【類型1】遭受的苦難是由於疏忽大意，並非自己所願。其痛苦也許可以博得易同情他人者的同情，也許不能。有時候，這樣得到他人的同情是很自然的，所以應該禮貌對待他們。

【類型2】受苦雖然並非自己的本意，卻因有機會博取他人的同情所以欣然接受了自己的不幸。這裡的心理遊戲發生在事後，就佛洛伊德的觀點看來，就是一種「次級獲益」（secondary grain）。

【類型3】他們主動找罪受，就像「手術成癮者」那樣，一個接一個的看外科醫生，直到有人願意幫他們做手術。這裡一開始就要考慮他們在玩心理遊戲。

Blemish

2.「瑕疵」遊戲：為了保護自己，從憂鬱兒童自我心理地位，轉為父母自我心理地位

論述：大部分日常瑣碎糾紛的來源

日常生活中，大部分瑣碎的糾紛都源自這個心理遊戲，而該遊戲源自憂鬱的兒童自我心理地位——「我不好」。玩家為了保護自己會從這個心理地位轉換為父母自我心理地位——「他們不好」。玩家接下來所遭遇的交往問題，便幫助他證明了「他們不好」這個論斷。因此，玩「瑕疵」遊戲的人，除非找到對方的缺點，否則便無法與新認識的人相處。該心理遊戲最激烈的形式是「權威性人格」（Authoritarian Personality）者所玩的「極權主義政治」遊戲（Totalitarian Political Game），其結果將帶來嚴重的歷史影響。我們可以明顯看到它與「如今」之間的緊密關係。郊區階層的居民可以透過玩「我做得怎麼樣」遊戲（How'm I Doing?）來獲得積極的安心，而「瑕疵」遊戲為玩家提供的是消極的安心。下面的分析可以讓這個心理遊戲的某些成分更清楚。

玩家挑剔的內容小至最瑣碎和最不重要（去年的帽子款式），大至最譏諷（他銀行裡的存款還不到二十萬台幣）、最險惡（他不是百分百的雅利安人❺）、最深奧（他沒有讀過里爾克❻的詩）、最私密（他勃起後堅持不了多長的時間）、最世故（他想證明什麼嗎？）。從心理動力學角度來看，該心理遊戲通常是

---

❺ 譯注：雅利安人（Aryan），一般指印度西北部的一支族群。在伯恩的時代，有一派人認為雅利安人是原始印歐人，也是金髮碧眼的北歐人。

❻ 譯注：萊納・里爾克（Rainer Maria Rilke），20世紀最有影響力的德語詩人，其詩歌充滿虛無思想和難以言表的神祕內容。

基於對性的不安全感，其目的在於尋求安心。從溝通分析的角度來看，其中有窺探、病理性好奇心或警惕性，有時候也用父母自我或成人自我表面上的關心，來掩蓋兒童自我的真正興趣。**其內在心理獲益是避開憂鬱感，其外在心理獲益是迴避可能會暴露玩家（懷特）自身缺點的親密關係。**懷特覺得自己有足夠的理由拒絕一個衣著過時的女人、一個沒有經濟實力的男人、一個非雅利安人、一個文盲、一個陽痿的男人，或是一個缺乏安全感的人。與此同時，窺探提供了某些帶有生理獲益的內在社交行為。其外在社交獲益與「這難道不夠糟嗎」類似，屬於「睦鄰型」（Neighbourly Type）❼。

另一個有趣的現象是，懷特選擇挑剔的內容，與智商或表面上的世故無關。因此，一位曾經在駐外辦事處身居要職的人會告訴別人說另一個國家是下等的，因為拋開其他方面不說，這個國家的男人所穿的夾克袖子太長了。此人在成人自我狀態中時非常能幹，只有當他玩類似「瑕疵」遊戲這樣的父母自我心理遊戲時，其所談及的內容才會如此不恰當。

Schlemiel
3. 「傻瓜」遊戲：就算搞破壞，也能獲得原諒

論述：當對方憤怒的回擊，玩家便獲得理由反擊

這裡的「傻瓜」（Schlemiel）並非沙米索（Adelbert von Chamisso）小說[I]中那沒有影子的主角❽，而是一個常用的猶太語詞彙，類似德國人與荷蘭

---

❼ 譯注：也就是在社交圈中和他人談到某人的缺陷，就像說某人的問題「這難道不夠糟嗎」。

人所說的「狡猾」。「傻瓜」遊戲的受害者,就像法國小說家保羅‧德‧科克(Paul de Kock)筆下的「好脾氣的人」[2],俗稱為「倒楣鬼」(Schlemazl)。通常,「傻瓜」遊戲的步驟如下:

【步驟1】懷特不小心把高腳杯裡的酒潑到聚會女主人的晚禮服上。

【步驟2】布萊克(聚會男主人)的第一個反應是生氣,但是他知道(隱約覺得)如果自己表現出生氣的情緒,懷特就贏了。因此,布萊克克制住自己,這帶給他一種自己贏了的錯覺。

【步驟3】懷特說:「對不起。」

【步驟4】布萊克小聲嘀咕或大聲表示原諒對方,這加強了懷特以為自己贏了的錯覺。

【步驟5】懷特繼續為布萊克製造其他麻煩,例如「不小心」打碎東西、潑灑出酒水,並弄得一團糟。當香菸燒到桌布、椅腿刺穿花邊窗簾,還有肉汁潑到地毯上之後,懷特的兒童自我變得很興奮,因為做這些事情讓他很享受,他所做的一切都得到了諒解,而布萊克也從中彰顯了自己如何自我克制。因此他們都從這個不幸的情境中獲益,而且布萊克也不必擔心兩個人的友誼會終止。

和大部分心理遊戲一樣,發起心理遊戲的懷特無論如何都會贏。如果布萊克表現出憤怒的情緒,懷特便覺得自己有足夠理由回擊其憤怒。如果

---

❽ 譯注:19世紀初德國詩人沙米索(Adelbert von Chamisso)的短篇小說《失去影子的人:彼得‧施雷米爾的奇幻故事》(*Peter Schlemihls wundersame Geschichte*)。男主角因為失去自己的影子而迷失了自我、沒有歸屬感,也沒有穩定感。而「傻瓜」(Schlemel)這個字,便是主角「施雷米爾」的名字。

布萊克克制住自己，懷特就會繼續伺機享樂。該心理遊戲真正的報償不是破壞的快樂（這對懷特而言只不過是額外的獎勵），真正的回報在於他獲得了原諒❾（了解這一點，我們便可以直接得知要如何對抗此心理遊戲）。

反遊戲：以客觀的成人自我回應

對抗「傻瓜」遊戲的做法，便是不提供玩家想要的諒解。在懷特說完「對不起」之後，布萊克並沒有嘀咕著說「沒關係」，而是說：「今晚你可以讓我妻子難堪、破壞家具、弄髒地毯，但是請不要說『對不起』。」布萊克此時不再是寬宏大量的父母自我，而是客觀的成人自我，一開始就承擔下邀請懷特參加聚會的全部責任。

此心理遊戲的強度，可透過懷特在面對布萊克反遊戲時的反應表現出來，其反應可能會很激烈。反「傻瓜」玩家將有被懷特直接報復的風險，或至少被懷特視為敵人。

兒童所玩的「傻瓜」遊戲尚未發展完全，無法總是得到原諒，但是至少能從製造混亂中獲得快樂；然而，當他們學會了社會化的為人處世後，就能更老練的在禮貌而成熟的社交圈中玩此心理遊戲，並達到該心理遊戲最主要的目的，也就是「獲得他人的原諒」。

---

❾　《溝通分析心理治療》一書中就提到了這個心理遊戲和接下來的「你為什麼不—的確，但是」遊戲（Why Don't You—Yes, But，縮寫YDYB，請參考第156頁介紹）。

「傻瓜」心理遊戲分析

主題：就算搞破壞我也能獲得原諒。

目的：諒解。

角色：*侵犯者*、受害者（俗稱傻瓜和倒楣鬼）。

心理動力學：肛慾攻擊（Anal aggression）。

範例：

（1）把一切弄亂的破壞性兒童。

（2）笨手笨腳的客人。

社會層面的溝通：成人自我狀態－成人自我狀態

成人自我：「因為我很禮貌，所以你也必須有禮貌。」

成人自我：「沒關係，我原諒你。」

心理層面的溝通：兒童自我狀態－父母自我狀態

兒童自我：「你必須原諒我，因為這是意外。」

父母自我：「你說得對，我必須對你有禮貌。」

步驟：（1）激惹－憤恨；（2）道歉－原諒。

獲益：

（1）弄亂事情的快感（內在心理獲益）。

（2）避免受到懲罰（外在心理獲益）。

（3）「傻瓜」（內在社交獲益）。

（4）「傻瓜」（外在社交獲益）。

（5）刺激、溫和的安撫（生理獲益）。

（6）我是無可指責的（存在性獲益）。

Why Don't You—Yes But

4.「你為什麼不－的確，但是」遊戲：
為了讓兒童自我滿意和安心

論述：玩家的無能兒童自我，與回應者的父母自我溝通模式

產生心理遊戲的概念，便是受到「你為什麼不－的確，但是」遊戲，（縮寫YDYB）啟發，也因此該心理遊戲在心理遊戲分析中具有特殊地位。它是第一個從社交情境中被抽離出來，並進行分析的心理遊戲，也因此我們對此心理遊戲的理解也最透徹。不僅如此，它也是任何形式的團體和聚會當中，最常見的心理遊戲。以下案例可以說明其主要特徵❿：

懷特：「我丈夫總是堅持自己修理家裡的東西，但他一個東西也沒有修好。」

布萊克：「他為什麼不去進修一下木工課程？」

懷特：「他的確需要，但是他沒有時間。」

布魯：「你為什麼不幫他買好一點的工具呢？」

懷特：「這的確需要，但是他不知道怎樣使用這些工具。」

瑞德：「你為什麼不請木匠來做這些事情？」

懷特：「的確是好建議，但是那樣太貴了。」

布朗：「你為什麼不接受他做事情的方式呢？」

懷特：「的確是個方法，但是如果這樣的話，總有一天房子會倒塌。」

❿ 譯注：伯恩所取的人名頗有玩笑意味，他以顏色來命名心理遊戲中的人物，遊戲主角為懷特（White，白色），遊戲配角分別為布萊克（Black，黑色）、布魯（Blue，藍色）、瑞德（Red，紅色）、布朗（Brown，棕色）和格林（Green，綠色）。

這樣的交流隨後會出現沉默，而沉默最終會被下一個角色「格林」打破，格林可能會說：「男人都是這樣，他們總是用這種方式展示他有多能幹。」

玩「你為什麼不－的確，但是」遊戲所需要的人數不限。遊戲發起者提出一個問題，其他人開始提供解決方法，每個人都以「你為什麼不」作為開頭。懷特對每個人的回應都以「的確，但是」來表示拒絕。一個厲害的玩家可以不斷抵擋他人的建議，直到所有人都棄械投降，這樣一來，懷特便贏了。在多數情況下，玩家可能需要挫敗十多個建議，才能換來對方垂頭喪氣的沉默，這種沉默表示他贏了，而這也開啟了下一個心理遊戲的通道，也就是上述例子中提到的，格林轉而玩「失職丈夫型」（Delinquent Husband Type）的家長會[11]。

由於他人所提供的解決方法都被遊戲主角拒絕，因此該心理遊戲是為了服務某些隱蔽的目的。玩YDYB遊戲並不是出於表面的目的（成人自我為了尋求資訊或解決方法），而是為了讓兒童自我滿意和安心。從對話中的文字來看，玩家似乎處於成人自我狀態之中，但是在真實情景下，我們可以觀察到懷特所呈現出來的是一種無能的兒童自我狀態；其他人則因此轉入了睿智的父母自我狀態之中，為了讓懷特受益而急切的分享自己的智慧經驗。

「圖8」顯示了整個溝通過程。該心理遊戲可以持續進行是因為社會層面上的溝通刺激和回應，都是成人自我對成人自我；而在心理層面上，

---

[11]　譯注：實際上，「家長會」為一種消遣，玩家以家長或教師的角色談論與孩子或丈夫有關的事宜。

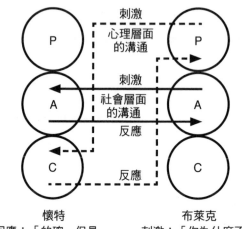

刺激
心理層面
的溝通
刺激
社會層面
的溝通
反應
反應

懷特　　　　　　　　布萊克
回應：「的確，但是」　刺激：「你為什麼不」

圖8 「你為什麼不－的確，但是」溝通圖

兩者的溝通也是互補的——父母自我向兒童自我發出刺激（你為什麼不），引發兒童自我對父母自我的回應（的確，但是）。心理層面上的溝通，對兩者而言通常都是無意識的，但是有心的觀察者可以透過玩家的姿勢、肌肉緊張度、聲音和用語的變化，敏銳覺察出自我狀態之間的轉換（懷特是從成人自我轉向「無能的」兒童自我，其他人則是從成人自我轉換為「智慧的」父母自我）。

為了說明該心理遊戲的隱含意義，我們必須看上述例子之後會發生什麼情況。

治療師：「他人提出的建議中，是否有你自己沒有想到的呢？」

懷特：「沒有。事實上，她們建議的方法我幾乎都嘗試過了。我真的幫丈夫買過工具，他也的確去上過木工課程。」

以上這段對話，說明了不能從表面意義探索此溝通過程的兩個原因：首先，在絕大部分情況下，懷特和其他人一樣聰明，所以別人能想到的方法，懷特也想得到。如果有人真的提出了懷特從沒想到的方法，若懷特公平的玩心理遊戲，就會很感激的接受這個建議；也就是說，如果他人提出的獨創性建議足以激發懷特的成人自我狀態，此時「無能的」兒童自我便會退讓。但是習慣玩 YDYB 遊戲的人，就像上述的懷特，很少公平的玩此遊戲⓬。另一方面，太容易接受建議也會讓人懷疑 YDYB 遊戲背後是否隱藏著「愚蠢」遊戲（Stupid）。

這個例子非常戲劇化，但是清楚的說明了第二個觀點。即使懷特實際上已經試過其中一些方法，還是會拒絕對方。**這個心理遊戲的目的不是獲得建議，而是「拒絕別人的建議」。**

幾乎每個人都會在適當的場合玩這個心理遊戲，因為該遊戲具有結構化時間的功能，不過仔細研究特別愛玩此心理遊戲的人後，可以發現一些有趣的特點。首先，他們都能夠，也會去扮演該心理遊戲中的兩個角色。這種角色的可交換性，是所有心理遊戲的共同特點。玩家可能會習慣性的更喜歡扮演其中某個角色，但他們能夠轉換，而且由於某些原因他們也願意在同一個遊戲中扮演另一個角色（例如，在「酒鬼」遊戲中從酒鬼轉換為拯救者）。

其次，我們在臨床實踐中發現，喜歡玩 YDYB 遊戲的人，往往屬於最終會要求用催眠或注射某種催眠性藥物加速治療的個案。在玩這個心理遊戲的時候，他們的拒絕表示沒有人能夠提出可以讓他們接受的建議，也就

⓬　譯注：即使對方的建議可取，也會想方設法拒絕。

是說，他們永遠都不會屈從投降；然而，他們又會要求治療師將自己帶入一種完全屈從的狀態。所以很明顯，YDYB遊戲是一種社會性解決方法，其處理的是關於「屈從與否」的衝突。

更具體的來說，這種心理遊戲在「臉紅恐懼症」（fear of blushing）個案中非常常見，就像以下治療對話所顯示：

治療師：「如果妳知道『你為什麼不—的確，但是』遊戲是一種騙局，妳為什麼還要玩這個心理遊戲呢？」

懷特：「如果我和某人說話，就必須不停想自己要說些什麼。否則我就會臉紅，除非是在黑暗中大家彼此看不清楚時。我沒法忍受兩個人有不說話的時間空擋。我知道自己的狀況，我的丈夫也知道。他經常告訴我這種情況。」

治療師：「妳的意思是，如果妳的成人自我不保持忙碌，妳的兒童自我就會趁機跳出來讓妳覺得尷尬？」

懷特：「就是這樣。所以，如果我一直提供對方建議，或者讓對方提供我建議，我就不會有事、就是安全的。只要我一直維持讓自己的成人自我來控制，就可以延緩產生窘迫感。」

懷特在這裡清楚的表示，她害怕沒有結構化的時間。只要她的成人自我在社交情境中保持忙碌，就可防止兒童自我出現，心理遊戲恰好能夠為成人自我的活動提供適宜的結構。不過必須是比較恰當的心理遊戲，這樣才能維持她對遊戲的興趣。懷特在選擇YDYB遊戲上受到了最容易獲益的影響：這個心理遊戲能為其兒童自我在屈從被動方面的衝突，提供最大化的內在和外在獲益。懷特能夠以同樣的熱情來扮演不願受支配的狡猾的兒童自我，或者扮演智慧的父母自我來支配他人的兒童自我。因為YDYB遊

戲的基本原則是「完全不接受任何建議」，所以父母自我永遠不會成功。該心理遊戲的座右銘就是：「不要驚慌，父母自我永遠不會成功。」

　　總之，對懷特而言，心理遊戲的每個步驟都很好玩，並且每個步驟本身就會因為拒絕他人的建議而帶來一絲愉悅感，不過心理遊戲真正的報償是，在其他人都已經絞盡腦汁而疲於去想還有什麼解決方法後所出現的沉默或試圖掩飾沉默的反應。對懷特或其他人而言，都代表懷特贏了，因為結果表示其他人也沒有辦法。如果沒有掩飾這個沉默，它會持續幾分鐘。在上述的例子中，格林打斷了懷特那短暫的勝利喜悅，因為格林很想開始自己的心理遊戲，而這樣做也可以避免參與懷特的心理遊戲。懷特則會因為格林縮短了自己勝利的時間而對格林心懷怨恨。

　　YDYB遊戲另一個有趣的特點是，該心理遊戲的內在和外在形式完全一樣，只不過角色恰好相反。在該心理遊戲的外在形式中❸，我們可以看到，懷特的兒童自我在一個多人場中站出來、扮演一個無能而尋求幫助的角色。該心理遊戲的內在形式是懷特和丈夫在家中所玩且更親密的雙人遊戲，此時懷特的父母自我站出來扮演一個睿智而有能力的指導者。不過這種角色反轉通常是第二順位，因為懷特在戀愛過程中，首先處於無助的兒童自我狀態，而且只有在蜜月結束後，專橫的父母自我才會開始表現出來。隨著婚禮接近，她有時候也會從兒童自我轉為父母自我，但是未婚夫因熱中於和自己精心選擇的妻子結合，而忽略了妻子的角色變化。如果未婚夫沒有忽略，婚禮就會因為一些「好理由」而取消，此時的懷特會更傷心，但是依然不明就裡，並且將重新尋找下一個合適的對象。

---

❸　譯者：心理遊戲的內在形式是指，在親密關係中玩此心理遊戲；外在形式是指，在非親密關係的社交場合玩此心理遊戲。

反遊戲：避免跟著玩「我只是想幫你」遊戲

很明顯，那些對懷特的第一步（呈現自己的「問題」）就提出回應的人，是在玩「我只是想幫你」遊戲（I'm Only Trying to Help You，縮寫 ITHY）。實際上 YDYB 遊戲和 ITHY 遊戲恰好相反。在 ITHY 遊戲中，一位治療師面對一群來訪者；而在 YDYB 遊戲中，則是一位來訪者面對一群「治療師」。**因此，在臨床工作中對抗 YDYB 遊戲就是不玩 ITHY 遊戲。**如果心理遊戲的開場是「如果（出現這種問題）你會怎麼做」，建議治療師這樣回應來訪者：「這的確是一個麻煩。你打算怎麼做？」如果心理遊戲開場的形式是：「某某問題沒辦法解決。」對此的回應應該是：「那太糟糕了。」這兩種回應都相當委婉，也會讓懷特陷入迷惑，或至少引發交錯溝通，這樣懷特就會表現出挫敗感，而治療師便可與懷特一起探索。在團體治療中，對於易受影響的成員而言，比較實際的做法是當受到 YDYB 玩家的邀請時，克制自己不去玩「我只是想幫你」。這樣不僅是懷特，團體中的其他成員也能夠從反 YDYB 遊戲中有所收穫，而反 YDYB 遊戲就是反 ITHY 遊戲的另一面❶。

在社交場合中，如果這個心理遊戲友好而無害，我們無須拒絕。如果玩家試圖剝削專業人員的知識❶，就必須採取反遊戲步驟；不過在這種情況下，反遊戲會暴露懷特的兒童自我，從而令他心生怨恨。這種情況下最好的方法，是在該心理遊戲開場時就逃離，去玩一個更刺激的心理遊戲，例如第一級的「挑逗」遊戲。

---

❶ 譯注：要反 ITHY 遊戲，就不要玩 YDYB；要反 YDYB 遊戲，就不要玩 ITHY。
❶ 譯注：也即在聚會等社交情境中，得知某人為心理專業人員，便提出某個「心理問題」，引誘對方給出專業意見再給予拒絕（的確，但是）。

與「你為什麼不－的確，但是」相關的心理遊戲

「你為什麼不－的確，但是」遊戲必須和它的否命題遊戲「你為什麼這樣做－我也不想，但是」遊戲（Why Did You─No But，縮寫YDNB）區分，因為YDNB遊戲中，贏的一方總是父母自我，而防衛性的兒童自我最終會在困惑中退出，儘管僅從字面上來看，似乎也是兩個實事求是的成人自我在對話。YDNB和「除此之外」遊戲關係緊密。

與YDYB相反的心理遊戲，一開始類似於「鄉下人」遊戲（Peasant）。此時，懷特誘導治療師提供建議，並且馬上接受而非拒絕。只有當治療師進一步捲入其中，才會意識到懷特是在對付他。與YDYB相反的心理遊戲，是以「鄉下人」遊戲開始，並以智力上的「挑逗」遊戲結束[16]。這個過程最經典的形式是在正統精神分析過程中出現從「正向情感轉移」（positive transference）轉向「負向情感轉移」（negative transference）。

YDYB也可以從第二級形式來玩，也就是「你能拿我怎麼辦」（Do Me Something）[17]。比如說，個案拒絕做家事，每天晚上當丈夫回家後都會上演YDYB[18]。無論丈夫怎麼說，她都悶悶不樂且不願意改變。在某些情況下，她這種悶悶不樂可能是一種嚴重的心理問題，需要接受詳細的精神評估。不過我們也應該確認其中的心理遊戲，因為我們會產生一些疑問，例如：為什麼丈夫會選擇這樣的伴侶，以及在維持這種情形中，丈夫起了什麼作用。

---

[16] 譯注：一開始言聽計從且用崇拜的口吻説：「哇，你真棒。」但是接著會透過「挑逗」暴露出對方的缺點，然後表示失望並將對方「踢開」。

[17] 譯注：我就是不做，你能拿我怎麼辦。

[18] 譯注：「你為什麼不做家事－我也想做，但是我心情不好（你能拿我怎麼辦）。」

「你為什麼不—的確，但是」心理遊戲分析

主題：看你可不可以提出讓我挑不出毛病的解決方法。

目的：獲得安心。

角色：*無助者、建議者。*

心理動力學：關於屈從與否的衝突（口慾期衝突）。

範例：

（1）兒童期心理遊戲：「好啊，但是我現在還不能寫作業，因為……」

（2）成人期心理遊戲：無助的妻子。

社會層面的溝通：成人自我狀態－成人自我狀態

成人自我：「如果（出現這樣的問題）你會怎麼做……」

成人自我：「你為什麼不……」

成人自我：「的確，但是……」

心理層面的溝通：父母自我狀態－兒童自我狀態

父母自我：「我會讓你感激我對你的幫助。」

兒童自我：「來啊，試試看。」

步驟：（1）問題－解決；（2）拒絕－解決；（3）拒絕－窘迫。

獲益：

（1）安心（內在心理獲益）。

（2）避免屈從（外在心理獲益）。

（3）YDYB遊戲中的父母自我角色（內在社交獲益）。

（4）YDYB中的兒童自我角色（外在社交獲益）。

（5）理性討論（生理獲益）。

（6）每個人都想支配我（存在性獲益）。

第9章

性遊戲

Sexual Games

※

為了擺脫性衝動或是性本能倒錯的心理遊戲

※

有一些心理遊戲是為了幫助玩家利用或極力擺脫性衝動。這些心理遊戲實際上都是性本能的「倒錯」（perversion），**因為在這些心理遊戲中，滿足性本能的不再是性行為，而是構成遊戲報償最關鍵的溝通。**這一點很難得到有力的證明，因為這類心理遊戲通常是私密進行，所以只能間接獲得與之有關的臨床資訊；而且我們很難評估提供資訊者自身的偏見，會如何影響其所提供的資訊。比方說，同性戀的精神病學概念便具有嚴重的曲解，因為更主動和更成功的「玩家」並不會經常尋求心理治療，而精神病學家能夠獲得的資料，大部分來自更被動的那一方。

這些心理遊戲包括：「你來和他鬥吧」、「性倒錯」、「挑逗」、「絲襪」和「吵鬧」。在大部分情況下，心理遊戲的主角是女性，因為在最激烈的性遊戲中，男性將經常面臨甚至實施犯罪行為，所以這類心理遊戲更適合歸入「暗黑」遊戲（Underworld Games，關於「暗黑」遊戲請參考第10章）。另一方面，性遊戲和婚姻遊戲互相交疊，但是本章所描述的性遊

戲，對未婚人士和已婚配偶都適用。

Let's You and Him Fight

1.「你來和他鬥吧」遊戲：
源自「只有傻瓜才會誠實競爭」的心理地位

論述：具有女性化心理特性的策略、儀式，或是心理遊戲

這可能是一種策略、儀式或心理遊戲。無論是哪一種情況，其本質都具有女性化的心理特性。由於「你來和他鬥吧」遊戲（縮寫LYAHF）相當具有戲劇性，所以它是世界上大部分文學作品的基礎，無論這些作品的價質如何。

【形式1】作為一種策略，它是浪漫的。一位女性挑唆或激起兩個男人為了她而爭鬥，並暗示或許諾她會委身於勝利者。當決鬥結果出來後，這位女士就會履行自己的承諾。這是一種誠實的溝通，但前提是她與對方從此以後會快樂的生活下去。

【形式2】作為一種儀式，它往往是悲劇性的。地方風俗要求兩位男士為她而決鬥，即使她根本不希望他們這麼做，或已經做出選擇也都於事無補。如果非她所愛的男人獲勝，她也必須接受。此時安排LYAHF遊戲的不是她本人，而是她所處的社會。如果她願意接受，這中間的溝通便是誠實的；如果她不樂意或感到失望，這個決鬥的結果便提供了很大的空間讓她玩諸如「讓我們來騙喬伊一把」（Let's Pull A Fast One on Joey，關於該遊戲，請參考第186頁）這樣的心理遊戲。

【形式3】作為一種心理遊戲，它是喜劇性的。這位女士安排了這場鬥爭，當兩個男人決鬥的時候，她卻和第三個人私奔逃走。對她和同夥而言，該心理遊戲的內在和外在心理獲益源自於這樣一種心理位置──「只有傻瓜才會誠實競爭」，而他們親歷的這些喜劇故事，便成為該心理遊戲內在和外在社交獲益的基礎❶。

Perversion
2.「性倒錯」遊戲：混亂兒童自我狀態的症狀

論述：運用心理遊戲分析，讓個案能控制自身行為

諸如戀物癖、施虐狂、受虐狂這樣的異性戀性倒錯，表現的是混亂的兒童自我狀態症狀，可以得到相應的治療。不過，這些性倒錯在真實的性場合中所表現出來的溝通，需要用心理遊戲分析來處理。心理遊戲分析可以讓個案控制自身行為，這樣一來即使倒錯的性衝動並未改變，但是依然可以緩和實際的放縱行為。

具有輕度受虐狂或施虐狂問題的人，往往持有一種原始的「心理健康」態度，也就是認為自己的性慾太強，長期禁慾會帶來嚴重的結果。這些結論不一定正確，但是正是這些想法讓他們有了玩「義肢」遊戲（Wooden Leg）的藉口：「像我這樣性慾強烈的人，你還希望我能怎麼樣呢？」

反遊戲：採取更為保守的性交形式

---

❶　譯注：玩這個心理遊戲，便有很多可以在社交場合閒聊的話題。

要對抗該心理遊戲，玩家對自己以及他人都必須謙和，也就是說，要避免對自己或他人施以言語或身體上的「鞭笞」，採取更為保守的性交形式。如果懷特真的是一名性倒錯者，這樣做就會暴露心理遊戲的第二要素，這種要素通常在夢中有清楚的表達：他對性交本身了無興趣，性交前那羞辱性的前戲才能為他帶來真正的滿足。他可能不願意承認這一點，但是當他抱怨「這些（前戲）都做完了，可是接下來還得性交！」時，一切昭然若揭。此時，這種態度更適合接受特定的心理治療，再多辯解和推諉也沒有用。這種情況屬於臨床實務中一般的「性心理變態」治療，而不適合「惡性思覺失調式性倒錯」或「犯罪式性倒錯」，也不適合只在幻想中實施性行為的人。

「同性戀」遊戲（Homosexuality Game）在很多國家已發展成為一種次文化，在一些國家中則成為儀式化的活動。很多人將同性戀變成一種心理遊戲，而同性戀所產生的很多問題便源自於此。引起「員警和強盜」、「為什麼我總是會遇到這種事」、「這就是我們所生活的社會」、「所有的好男人都……」等心理遊戲，如果挑撥行為可以得到社會控制，便能將不利因素降至最低。「職業的同性戀者」浪費了大量時間和精力，這些時間和精力原本可以用於其他更具建設性的事物。分析「職業同性戀者」的心理遊戲，可以幫助他建立安穩的家庭，從而享受資產階級社會所提供的各種好處，而非耗盡一生去玩自己改編的「這難道還不夠糟嗎」遊戲。

Rapo

3.「挑逗」遊戲：嚴重時，是為了惡意報復

論述：「挑逗」遊戲的三個層級

這是女人和男人之間所玩的心理遊戲，對該心理遊戲更委婉或至少更溫和一點的稱謂是「拒絕」（Kiss off）或「憤慨」（Indignation）。這個心理遊戲的程度分成不同級別：

【第一級】**第一級「挑逗」遊戲，也稱為「拒絕」。**在社交場合較常見這個層級的心理遊戲，主要由適度的調情組成。懷特向一個男人發出信號，表示對方可以追求自己，並享受他的追求。可是一旦這個男人認真投入，這個心理遊戲便戛然而止。客氣一點的做法是懷特坦言：「我很感激你的讚美，謝謝你。」然後轉而去征服下一個男人。若她不夠大方，便會直接一走了之。

一位熟練的挑逗玩家，在大型社交場合中會透過頻繁走動讓這個心理遊戲維持很長一段時間，這樣的話，男人不得不用更複雜的策略不著痕跡的追求她。

【第二級】**第二級的「挑逗」遊戲也稱作「憤慨」。**布萊克的搭訕和追求帶給懷特的只是次要的滿足。懷特的滿足主要來自於拒絕布萊克，所以該心理遊戲也俗稱為「滾開，混蛋」（Buzz Off Buster）。她誘使布萊克更認真的投入，而非第一級「挑逗」遊戲那樣，只是適度的調情，並且樂於看到布萊克被拒絕後的狼狽樣子。

當然，布萊克並不像看上去那樣無助，他可能已經費了很

多力氣參與其中，通常他這是在玩「踢我吧」遊戲的某種
變式。

【第三級】第三級的「挑逗」遊戲，是相當惡毒的心理遊戲，且以謀
殺、自殺或法庭定罪來結束。懷特讓布萊克和自己有了一
定程度的肢體接觸，然後宣稱被他強姦，或說布萊克對自
己造成了無法彌補的傷害。在該心理遊戲最諷刺的形式
中，懷特允許布萊克與她發生實際性行為，這樣她與布萊
克對峙前也獲得了享受。這種對峙可能立即出現，如哭訴
布萊克強姦；或者延遲一段時間才出現，如和布萊克的這
段不正當男女關係維持了一段時間後便自殺或謀殺。

如果懷特決定控告布萊克強姦，便不難找到唯利是圖或對
此懷有病理性興趣的同盟，例如新聞記者、員警、律師和
親戚。然而有時候，這些外人可能會轉而對付懷特，以至
於她失去主動權並淪為他們心理遊戲的工具。

在某些情況下，這些外人有另一種功能。懷特本人不情
願，但卻在這些人的逼迫下玩此心理遊戲，因為他們想玩
「你來和他鬥吧」遊戲。這些外人將懷特置於「為保存顏
面或名聲，她必須控訴布萊克強姦」的處境。這很容易出
現在未及法定年齡的女孩身上，她們可能願意維持這種關
係，但是因為被人發現或產生其他問題，不得不將這種浪
漫關係變為第三級的「挑逗」遊戲。

---

❷ 譯注：《舊約聖經》記載，雅各之子約瑟因為被兄弟嫉妒，而被賣給埃及官員波提乏為
奴，後來因為拒絕波提乏妻子的引誘，被她誣陷入獄。

有一個著名的例子是《聖經》❷故事中敘述了機警的約瑟不受波提乏妻子的引誘，拒絕進入「挑逗」遊戲，波提乏妻子便做出了一個經典的轉換，轉而玩「你來和他鬥吧」遊戲，這個絕佳的例子清楚表示強硬的遊戲玩家在面對反遊戲時會有什麼樣的反應，以及被她盯上的人若拒絕玩遊戲，會面臨什麼樣的危險。

這兩個心理遊戲合併在一起便構成了著名的「美人計」遊戲：懷特引誘布萊克，之後哭訴被強姦，這時丈夫出面並口出惡言、勒索錢財。

最激烈且最為不幸的第三級「挑逗」遊戲，經常發生在兩個陌生的同性戀者之間，他們在短短一個小時左右就能將心理遊戲發展到殺人的程度。報紙上那些駭人的新聞報導，有很多都是該心理遊戲各種惡劣且涉及犯罪的變式。

「挑逗」遊戲的童年期原型，與「性冷感的女人」遊戲的原型一樣，小女孩引誘小男孩自取其辱或者引誘小男孩變得髒兮兮然後嘲笑他，英國小說家毛姆（William Somerset Maugham）在《人性的枷鎖》（*Of Human Bondage*）中對此有經典的描述，之前曾提到狄更斯的《遠大前程》中也描述過。這兩位作家所描述的是第二級「挑逗」遊戲；兩個強硬的鄰居之間可能會出現更強烈且接近第三級的「挑逗」遊戲。

反遊戲：辨別對方的情感表達是源自真心還是心理遊戲

被引誘的男人能否避免捲入該心理遊戲，或者能否掌控該遊戲，取決於他是否有能力辨別對方的情感表達是源自真心，還是僅為心理遊戲的一

個步驟。若他具有這種辨識能力，並且能做到自我控制，那他就能夠從「拒絕」（也就是第一級的「挑逗」遊戲）的適度調情中獲得很多快樂。但是，很難找到好的方法來應對像波提乏妻子這樣的操縱，最好趁著還來得及前趕緊開溜，不要留下任何聯絡方式。

1938年，我在敘利亞阿勒頗（Aleppo）地區，就曾經遇過一位年邁的「約瑟」，32年前他在君士坦丁堡因為一次商務活動造訪了伊迪斯後宮（Yildiz harem），結果差一點被一位蘇丹王妃逼入絕境。他不得不放棄自己的商店、帶上所有財產離開，從此再也沒有回去過。

與「挑逗」遊戲相關的心理遊戲

聲名狼藉的「挑逗」遊戲男性版本，通常出現在商務場合中——「潛規則」（之後女人並沒有得到她想要的）和「親密相偎」（然後她被解僱了）。

「挑逗」心理遊戲分析

以下分析了第三級「挑逗」遊戲，因為很多元素在第三級遊戲中可以得到更戲劇性的呈現。

目的：惡意報復。

角色：*引誘者*、*色狼*。

心理動力學（第三級遊戲）：陰莖妒羨、口慾期攻擊。「拒絕」源自性器期的心理動力學，而「憤慨」有很強的肛慾期成分。

範例：（1）我要告發你，你這個壞男孩；（2）受委屈的女人。

社會層面的溝通：成人自我狀態－成人自我狀態

成人自我（男性）：「很抱歉我做的比妳預想的還要更進一步。」

成人自我（女性）：「你已經侵犯我，你必須為此付出最沉重的代價。」

心理層面的溝通：兒童自我狀態－兒童自我狀態

兒童自我（男性）：「讓妳看看我的魅力有多大、無人能擋。」

兒童自我（女性）：「終於逮到你了，你這個渾蛋。」

步驟：（1）引誘（女性）－回應誘惑（男性）；（2）屈從（女性）－勝利（男性）；（3）對峙（女性）－崩潰（男性）。

獲益：

（1）表達敵意，投射內疚（內在心理獲益）。

（2）迴避充滿感情的性親密（外在心理獲益）。

（3）「終於逮到你了，你這個渾蛋」（內在社交獲益）。

（4）「這難道不可怕嗎」、「法庭」、「你來和他鬥吧」（外在社交獲益）。

（5）性和攻擊性交換（生理獲益）。

（6）我是無可指責的（存在獲益）。

The Stocking Game

4.「絲襪」遊戲：為了暗示可以和她發生性關係

論述：本質上是帶有表演性的暴露癖

　　該心理遊戲與「挑逗」遊戲同屬一家，最明顯的特點是「本質上是帶有表演性的暴露癖」。一個女人（懷特）第一次參加團體治療，沒過多久便將腿抬起，挑逗的暴露自己，並且說：「哦天哪，我的絲襪有個地方破了！」她這樣做是為了激起男人的情慾和其他女性的憤怒。其他成員對懷特的任何質疑，當然會激起懷特的自我辯解或反唇相譏，這很像經典的「挑逗」遊戲。不過「絲襪」遊戲較為突出的，是懷特缺乏適應性，她總是還沒來得及了解自己所面對的是什麼樣的人，或者在安排好自己的遊戲步驟前便匆匆行事，所以其行為顯得相當不恰當且會影響自身與其他團體同伴的關係。儘管表面上，懷特看起來似乎很「世故」，但是她無法理解自己生活中所發生的事情，因為她對人性的判斷太過陰暗。**其目的在於證明其他人的心靈淫穢，而她的成人自我被兒童自我和父母自我（通常是淫蕩的母親）所欺騙，從而看不到自身的挑逗性，她也對自己遇到的人缺乏好感。**因此，該心理遊戲往往具有自我破壞性。

　　以上可能是心理遊戲的「性器期」（phallic）變體，這種遊戲的內容由潛在的病理問題所決定。胸部發育更好、病理程度更深的婦女所展現出來的，往往是該心理遊戲的「口慾期」（oral）變體，她們坐著的時候，經常將手置於腦後，以便更凸顯其胸部；透過談論胸部尺寸或談論有關胸部的病理問題（如手術或腫塊），她們可以吸引他人更注意自己的胸部。女性的某些扭曲姿態形成了該心理遊戲的「肛慾期」（anal）變體。玩這種心理遊戲的女人是在向他人暗示可以與她發生性關係，所以它還有一種更象徵性

的形式，那就是喪偶婦女虛情假意的「展露」自己的寡婦身分。

反遊戲：請在場的其他女性對抗絲襪遊戲

　　除了適應性較差，這類女性也無法容忍他人對抗其心理遊戲。例如，如果在一個成熟的治療團體裡，這個心理遊戲遭到其他成員忽略或反擊，她們可能不會繼續參加該團體。我們應該小心區分反遊戲和對該遊戲的報復行為，因為後者意味著懷特已經勝利了。而比起男性，女性更擅長對抗「絲襪」遊戲，因為很少有男性願意主動打破這個心理遊戲，因此最好請在場的其他女性負責對抗「絲襪」遊戲。

Uproar

5.「吵鬧」遊戲：為了迴避性親密所玩的心理遊戲

論述：透過生對方的氣，才能在一起生活

　　「吵鬧」遊戲最經典的形式，通常發生在專橫的父親和正值青春期的女兒之間，同時還有一位壓抑性慾的母親。

　　父親下班回家後找女兒的碴，女兒無禮的回嘴；或者由女兒開始心理遊戲的第一個步驟──在父親面前放肆無禮，於是父親責備她。他們的聲音愈來愈高，衝突愈來愈激烈。而這個心理遊戲的結局取決於是誰走了第一個步驟。有三種可能的結局：

　　【結局1】父親衝回房間砰的把門關上。

　　【結局2】女兒衝回自己房間砰的把門關上。

　　【結局3】兩個人分別回到自己房間並且都砰的把門關上。

在任何一種情況下，「吵鬧」遊戲的代表性結局都是「砰的一聲摔上門」。**「吵鬧」遊戲為某些家庭中，父親與青春期女兒之間的性問題提供了一個雖令人痛苦但卻行之有效的解決方法。**他們通常只有透過生對方的氣，才能在一起生活，而摔上門便是在互相強調這個事實，也就是雙方在家中擁有獨立的房間❸。

問題更嚴重的家庭中，這個心理遊戲可能更惡劣也更令人反感。此時，只要女兒外出約會，父親就會一直等到她回來，然後仔細檢查女兒和她的衣服，確保她還沒有與人發生性行為。哪怕最細微的可疑之處，都可能造成最猛烈的爭執，結果是女兒半夜被趕出家門。從長遠來看，隨著自然發展，女兒遲早有一天會與人發生性關係，不是這一次，就會是下一次，或者下下一次。然後，父親的懷疑得到了「確認」，就像他曾經告訴母親的那樣，而母親則始終「無助」的袖手旁觀，眼睜睜的看著這一切發生。

不過，一般而言，兩個試圖迴避性親密的人在一起都可能會玩「吵鬧」遊戲。例如「性冷感的女人」遊戲最為常見的結束，便是「吵鬧」遊戲。「吵鬧」遊戲很少出現在青春期的男孩與其女性親人之間，因為青春期的男孩比其他家庭成員更容易半夜從家裡溜走。

在更早的年齡階段，兄妹或姊弟之間會透過肢體打鬥來設置有效的界線，並由此獲得部分滿足，這種模式在不同的年齡層具有不同的動機，在美國，這已經是「吵鬧」遊戲的一種半儀式化形式，並且得到了電視、教育學和兒科醫學權威支持。然而英國的上流社會認為（或曾經認為），這種

---

❸ 譯注：父親和進入青春期的女兒之間可能存有潛在性吸引和相應的禁忌焦慮，而「吵鬧」遊戲能為兩人解決這個難題，它轉移了兩人在潛在性問題上的注意力，並且透過強調各自擁有獨立空間而消除了對潛在性吸引的焦慮。

形式非常糟糕，並且將人們投注於其中的精力疏導到在運動場上更有規範的「吵鬧」遊戲之中。

反遊戲：母親放棄性冷感以對抗吵鬧遊戲

對父親而言，反遊戲並沒有他認為的那樣令人不快。通常，起來反抗的是女兒，她的方法是很早便步入婚姻，但是其婚姻往往並不成熟或實際上為強迫式的婚姻。如果母親的心理狀況尚可，她可以透過放棄其相對或絕對的性冷感，來對抗「吵鬧」遊戲。如果父親在家庭以外找到其他的性吸引力，該「吵鬧」遊戲也會減退，但是這樣會帶來其他問題。對於已婚配偶，對抗「吵鬧」遊戲的方法與對抗「性冷感的女人」或「性冷感的男人」的方法一致。

在適當的情況下，「吵鬧」遊戲通常會自然的發展為「法庭」遊戲。

第 10 章

暗黑遊戲
Underworld Games

※

法庭、緩刑假釋部門以及監獄裡所玩的心理遊戲

※

隨著「助人職業者」在法庭、緩刑假釋部門以及監獄等機構普及，以及犯罪學家和執法人員愈來愈老練，相關領域的工作者應該了解在監獄內外盛行的「暗黑」遊戲。這些心理遊戲包括「員警和強盜」、「怎麼樣才能離開這裡」和「讓我們來騙喬伊一把」。

Cops and Robbers
1.「員警和強盜」遊戲：欺瞞並用智取勝員警以獲得滿足感

論述：源自於「捉迷藏」的心理遊戲

很多罪犯都憎惡員警，而欺瞞並用智取勝員警所獲得的滿足感一點也不亞於實現其犯罪目標，甚至更多。他們所犯的罪，在成人自我層面上是為了獲得「物質回報」，但是在兒童自我層面上，則是為了獲得「被追逐的刺激感」——逃之夭夭、逍遙自在。

有意思的是，「員警和強盜」遊戲（縮寫C&R）的兒童期原型，並不是孩子經常玩的警察抓強盜遊戲，而是捉迷藏，這個遊戲的本質是被發現時的懊悔感，年幼孩子很容易表現出這一點。如果父親在遊戲中太容易找到他們，孩子只會感到懊悔，毫無樂趣可言。但是如果父親是個高超的玩家，就知道該怎麼做：他會先拖延、假裝找不到，於是小男孩就會透過叫喚、碰掉東西，或者敲響某些物品來提醒他。小男孩用這種方式迫使父親找到自己，一旦被發現，他依然會表現出懊悔的樣子；但是這一次，小男孩會因為遊戲中不斷增加懸而未定的感受獲得更多樂趣。相反的，如果父親放棄了，小男孩通常會感到失望而非勝利。躲藏並讓人找不到本身就充滿樂趣，但是顯然小男孩並非對此失望，而是失望自己沒有被抓住。當輪到父親躲起來讓孩子尋找時，父親知道他不應該欺瞞小男孩太久，只需要躲藏到足以讓遊戲變得好玩即可；如果父親夠聰明，當孩子找到他時，最好表現得很懊悔。很快我們便可發現，「被找到」才是這個遊戲必要的結局。

因此，捉迷藏並不僅是消遣，它的確是一個遊戲。在社會層面上，這個遊戲是一場智力上的比拚，且最讓人滿意的是雙方的成人自我都盡全力角逐；然而，在心理層面上，它就像賭癮一樣，懷特的成人自我必須輸，兒童自我才能贏。如果要打破這個遊戲，就是不能被抓住。在更大一點的孩子當中，躲在沒有人能找到他的地方，這個孩子便破壞了該遊戲，所以會被認為他沒有遊戲精神。這樣的孩子已經將兒童自我成分減至最少，而將整件事情轉為成人自我程式，他再也無法從中找到樂趣。這就像賭場老闆或一些職業罪犯，他們所做的一切都是為了錢，而不再將此視為遊戲。

慣犯有兩種截然不同的類型：一種是為了利益而犯罪，另一種則是為了心理遊戲，還有很大一部分群體則介於兩者之間，兩種情況都會出現。

那些被稱為「注定的贏家」的賺大錢者，其兒童自我完全不想被抓住，從報導來看，他們也很少被抓住；因為他們總是在幕後操縱，所以旁人難以接觸到他們。而「注定的輸家」中玩「員警和強盜」遊戲的人，通常不會特別富有，如有例外也純屬運氣，與犯罪技巧無關；而且從長遠來看，即使是運氣不錯的人，下場也通常如兒童自我所願——自投羅網而不是逍遙法外。

這裡討論玩「員警和強盜」的玩家，在某些方面與「酒鬼」遊戲類似。他可以從「強盜」角色轉換為「員警」，又從「員警」角色轉為「強盜」。有時候，他白天扮演父母自我的「員警」，晚上則是兒童自我的「強盜」。在很多「強盜」中會有一個「員警」，在很多「員警」中也會有一個「強盜」。如果罪犯「改邪歸正」，他也可能會扮演「拯救者」，也就是成為社工或傳教士；但是「拯救者」在這個心理遊戲中的重要性遠不如「酒鬼」遊戲。不過，一般而言，玩家的「強盜」角色便是他的命運，每個玩家都有讓自己被逮到的「方法」，只是「員警」逮到他的難易度不一。

這種情況和賭徒類似。在社會或社會學層面，「職業賭徒」是指那些以賭博為主要生活興趣的人。但是在心理學層面上，職業賭徒有兩種類型：第一種人是在玩心理遊戲，例如和命運賭博，其兒童自我對輸的需要一定會超越其成人自我對贏的渴望；第二種人是經營賭場並真正以此為生的人，透過提供賭徒賭博場而獲得豐厚收入，他們自己不玩，也盡量不賭，儘管在某些場合下他們偶爾也會自我放縱一把，但是這就和真正的罪犯偶爾也會玩「員警和強盜」遊戲的情況一樣。

這正說明了為什麼在研究犯罪的社會學和心理學層面時，通常都含糊不清且毫無成果：這些研究處理的是這兩種人，但是一般的理論或實證框

架無法有效區分兩者，而對賭徒的研究亦是如此。溝通分析和心理遊戲分析可以直接解決這個問題——透過溝通分析區分社會層面之下的「玩家」和「真正的職業人士」，便能撥開過往研究的迷霧。

　　現在，讓我們停下對該遊戲的一般論述，轉而考慮特殊的例子。有些竊賊在偷竊時沒有任何多餘動作，但是玩「員警和強盜」遊戲的竊賊，則會無緣無故的故意破壞以留下蛛絲馬跡，例如用分泌物和排泄物蹧蹋失主的貴重衣物。根據報導，真正的銀行劫匪會特別警惕且盡量避免暴力；玩「員警和強盜」遊戲的劫匪，卻會尋找任何理由來發洩憤怒。和其他職業人士一樣，真正的罪犯喜歡單純「做事」，而玩「員警和強盜」遊戲的罪犯總是伺機發洩；真正的職業人士只在幕後操縱，玩家卻願意赤手空拳對抗法律；真正的職業人士能以自己的方式清楚發現「員警和強盜」遊戲，但如果一個黑幫成員對這個心理遊戲的興趣會危害他們所要做的事情，尤其是當他已經展現希望自己被捕的需要時，操縱者便會採取非常激烈的手段預防此事再發生。也許正是因為真正的職業人士不玩「員警和強盜」遊戲，所以他們很少被捕，也因此幾乎無法對他們進行社會學、心理學和精神病學研究，而這同樣也適用於賭徒。因此我們大部分有關罪犯和賭徒的認知，都來自於心理遊戲玩家，而非真正的職業人士。

　　有偷竊癖的人（與職業商店扒手不同），便證明了這種小打小鬧的「員警和強盜」遊戲有多廣泛。可能有很大一部分的西方人，至少會在幻想中玩「員警和強盜」遊戲，所以我們的世界才會販賣報紙。這種幻想通常會表現在對「完美謀殺」的構想，玩這個心理遊戲的後果可能最嚴重，且徹底戰勝員警。

　　「員警和強盜」遊戲的變式是「審計師和強盜」遊戲（Auditors and Robbers），盜用公款者會用相同的規則和結果來玩這個心理遊戲；走私犯

則會玩「海關和強盜」遊戲（Customs and Robbers）。特別有趣的是犯罪形式的「法庭」遊戲變式。無論多麼小心謹慎，專業人士偶爾也會被捕、受審。對他而言，「法庭」是一種程式，他會根據法律顧問的指導進行該程式。對律師而言，如果他們是「注定的贏家」，那「法庭」在本質上就是一個和陪審團玩的心理遊戲，且旨在求勝而非求敗，這個社會有很大一部分的人都會認為，這是一種具建設性的心理遊戲。

反遊戲：社會必須認知到「員警和強盜」遊戲，是大部分案例的核心問題

具有相應資格的犯罪學家需要考慮這個問題，而不是精神病學家。員警和司法部門並不具備對抗該心理遊戲的特性，根據社會所設定的規則，他們在這個心理遊戲中也扮演了一定的角色。

但是我們必須強調一點：犯罪研究者可能會嘲笑那些享受追逐並希望被逮的犯罪行為，或者他們也可能在讀到這個觀點後，對此表示尊重與認可，但是很少認為這對他嚴肅的研究工作而言是至關重要的學術性因素。首先，標準的心理學研究方法無法揭露這個成分，研究者無法對此展開研究，是因為他並沒有適合的研究工具，因此除非改變其研究工具，否則研究者必須忽略這個關鍵要素。事實上，這些工具至今都無法解決任何一個犯罪學問題。因此，研究者最好放棄這些過時的方法，以全新的手段來處理這個問題。除非人們不再將「員警和強盜」遊戲視為有趣的異常現象，而是認知到它是大部分案例的核心問題，否則很多犯罪學研究將繼續處理那些瑣碎、教條式、次要，或無關的問題[1]。

「員警和強盜」心理遊戲分析

主題：看你能不能抓到我。

目的：尋求安心。

角色：*強盜*、員警（法官）。

心理動力學：陰莖侵入。

範例：

（1）捉迷藏。

（2）犯罪。

社會層面的溝通：父母自我狀態－兒童自我狀態

兒童自我：「看你能不能抓到我。」

父母自我：「我的職責就是要抓到你。」

心理層面的溝通：父母自我狀態－兒童自我狀態

兒童自我：「你必須抓到我。」

父母自我：「啊哈，抓到你了。」

步驟：（1）挑戰（懷特）－憤慨（布萊克）；（2）躲藏（懷特）－挫敗（布萊克）；（3）出來挑釁（懷特）－勝利（布萊克）。

獲益：

（1）對過去錯誤的物質補償（內在心理獲益）。

（2）對抗恐懼症（外在心理獲益）。

（3）看你能不能抓到我（內在社交獲益）。

（4）我差一點就逃脫了（消遣：他們差一點就逃脫了；外在社交獲益）。

（5）聲名狼藉（生理獲益）。

（6）「我永遠都是一個失敗者」（存在性獲益）。

How Do You Get Out of Here

2.「怎麼樣才能離開這裡」遊戲：
囚犯「兒童自我」對於出獄的恐懼

論述：因為兒童自我的恐懼，讓父母與成人自我的努力前功盡棄

歷史證據表示，那些以活動、消遣或心理遊戲來填充時間的囚犯，其日子相對好過一些。獄警對此最為熟悉，據說他們只需要禁止囚犯活動並持續剝奪其社交，就能讓囚犯崩潰。

獨處的囚犯最喜歡的活動是讀書或寫作，最喜歡的消遣話題是逃跑。這類人當中，有些人已經非常有名，例如：卡薩諾瓦（Giacomo Girolamo Casanova）❶和特倫克男爵（Baron Trenck）❷。

他們最喜歡的心理遊戲就是「怎麼樣才能離開這裡」（想出去），這個心理遊戲也會出現在公立精神病院中。我們必須將該心理遊戲與冠以相同名字的「操作」（operation，請參考本書第79頁），也就是「行為良好」（Good Behavior）區別開來。真正想離開並獲得自由的囚犯（或病人），會想辦法遵守管理機構的要求，以儘早被釋放。如今，好好玩團體治療型「精神病學」遊戲，也能實現這個目標❸。然而，玩「想出去」遊戲（Want Out）的囚犯或者住院病人，其兒童自我並不想出去。**他們模仿「行為良好」的做法，但是在關鍵時刻，他們會自我妨礙從而無法獲得釋放。**因此，在「行為良好」操作中，父母自我、成人自我和兒童自我為了獲得釋放而一起合作；但在「想出去」遊戲中，父母自我和成人自我按照規定要

---

❶　譯注：義大利冒險家、作家，在經歷一連串牢獄、流放之災後，將生活重心轉往寫作。
❷　譯注：普魯士軍官、冒險家、作家，同樣在入獄後開始專心寫作。
❸　譯注：在獄中或醫院內參與團體治療，爭取減刑或儘早出院。

求行動，到了某個關鍵時刻，恐懼出獄（出院）後在未知世界冒險的兒童自我，就會站出來，讓父母自我和成人自我的努力前功盡棄。「想出去」遊戲在1930年代末期前往美國並出現精神病性問題的德裔移民中十分常見。他們努力改善病情然後懇求出院，但是隨著自由之日臨近，他們的精神病性問題又會復發。

反遊戲：早期便要區分「行為良好」和「想出去」的差異

敏銳的管理者能夠辨別「行為良好」和「想出去」，並且能在行政上進行處理。然而，團體治療的新手卻經常被騙。一個有能力的團體治療師很清楚這是在精神病學取向的監獄中，最容易使用的操縱手段，所以他會留心觀察並在早期階段就將這些人找出來。因為「行為良好」是一個誠實的操作，所以應該以誠待之，公開討論也不會帶來任何傷害。另一方面，如果（對未來）恐慌的囚犯將要被釋放，就需要針對其「想出去」遊戲進行積極治療。

與「怎麼樣才能離開這裡」遊戲相關的心理遊戲

名為「你必須聽我說」（You've Got to Listen）的操作與「想出去」遊戲的關係緊密。這種操作是指某一個公立機構的住院病人或者社會福利機構的客戶要求自己有權利抱怨。他們所抱怨的內容通常沒有太大意義，主要目的是確保自己能夠被當權者聽到。如果管理人員誤以為這些人希望機構遵從他的要求，並且因為這些要求太不合理打斷他，就有可能會遇到麻煩。如果管理人員同意他的要求，對方就會有更多要求。如果管理人員耐心傾聽並且表示感興趣，「你必須聽我說」的玩家，就會感到滿意且可以與之合作，並不再有更多要求。管理者必須學會區分「你必須聽我說」和

「必要補救措施」²。

　　「判決不公」（Bum Rap）是另一個與「想出去」同類型的心理遊戲。當真正的罪犯抱怨「判決不公」時，是真的在為出獄努力，這是申請案件重審程式的一部分。而玩「判決不公」遊戲的囚犯，並不是真的為了出獄，因為如果他出去了，就再也找不到藉口抱怨了。

Let's Pull a Fast One on Joey
3.「讓我們來騙喬伊一把」遊戲：小型的詐騙心理遊戲

論述：只有本身也有盜竊或詐欺慾望的人，才會被吸引而進入

　　這個心理遊戲的原型是「大商店」（The Big Store）❹，一個大規模的詐騙遊戲。不過很多小型的詐騙，甚至包括「美人計」遊戲，都屬於「讓我們來騙喬伊一把」遊戲（縮寫FOOJY）。只有本身也有盜竊或詐欺慾望的人，才會被吸引而進入這個心理遊戲，因為該遊戲的第一步是布萊克告訴懷特，又笨又老實的喬伊正等著被騙呢。如果懷特夠誠實，不是不參與其中就是會去提醒喬伊，但是事實上，懷特並沒有這麼做。於是，就在喬伊成功上鉤準備付出代價時，出現了某些差錯，懷特突然發現自己的投資全沒了。或者在「美人計」遊戲中，當懷特準備給喬伊戴綠帽的時候，喬伊突然闖進來，懷特本來以為是自己賺到了，結果卻發現他必須服從喬伊的勒索，這實在令人痛苦。

　　有趣的是，布萊克（騙子）往往假定懷特（被詐騙的個體）應該知道

---

❹　譯注：一種詐騙手法，也就是有多名騙子各司其職、共同設局，在完全可以控制的環境中詐騙受害者而獲利。例如在玩橋牌時一起設計詐騙某名玩家。

FOOJY遊戲的規則，且不會打破它。騙子必須預期可能會出現的風險是「懷特會如實告發他們」；只要滿足要求，他們就不會再去和懷特作對，甚至允許他為了保存顏面而向員警撒謊。但是如果懷特做得太過火並且提出不實控訴，例如誣陷他們偷竊，就會讓騙子很不滿。另一方面，如果騙子找了一個酒鬼做欺詐對象，並因此而陷入麻煩，實在不值得同情，因為他本就不應該犯下這樣的錯誤。同樣的，如果他蠢到挑了一個幽默感十足的人作為詐騙目標，也不值得同情，因為眾所周知，這樣的人很難在FOOJY遊戲中扮演好相應的角色，他們會讓這個心理遊戲徹底朝向「員警和強盜」遊戲發展。有經驗的騙子會害怕找那種被騙後還笑得出來的人作為詐欺對象。

應該注意的是，以「來騙喬伊一把」為名的惡作劇，並不是FOOJY遊戲，因為惡作劇的受害者就是喬伊；但在FOOJY遊戲中，最後的成功者是喬伊，而懷特才是受害者。惡作劇是一種消遣，FOOJY卻是一種遊戲，這種玩笑話在心理遊戲中是用來讓懷特感到出乎意料且事與願違的結果。

很明顯，FOOJY遊戲是一個三人或四人遊戲，員警扮演第四個角色，這與「你來和他鬥吧」遊戲也有一定關聯❺。

---

❺　感謝瓦卡維爾市（Vacaville）加州醫學院（California Medical Faculty）的恩斯特醫生（Franklin Ernst），諾科市（Norco）加州康復中心（California Rehabilitation Center）的柯林斯先生（William Collins），以及提哈查匹市（Tehachapi）加州男子監獄（California Institution for Men）的密斯先生（Laurence Means），感謝他們對「員警和強盜」遊戲研究長久的興趣以及有益的討論和批評。

第**11**章

諮商室遊戲

Consulting Room Games

❦

專業心理治療情境中所出現的心理遊戲

❦

專業心理遊戲分析師最該重視並了解的,是經常出現在治療情境中的心理遊戲。它們也最容易作為第一手資料,並得以在諮商室中研究。根據遊戲發起者的角色,諮商室內的心理遊戲可分為三類:

【**類型1**】治療師和社工所玩的遊戲:「我只是想幫你」,或是「精神病學」。

【**類型2**】受過心理遊戲專業訓練的個案在參與團體治療時所玩的心理遊戲,如「溫室」。

【**類型3**】沒有受過心理遊戲專業訓練的個案和來訪者所玩的心理遊戲:「貧困」、「鄉下人」、「愚蠢」和「義肢」。

Greenhouse

1.「溫室」遊戲：陷入用術語互相評論，失去了治療的意義

論述：過分強調真實的感受而阻撓了心理治療

　　該心理遊戲是「精神病學」遊戲（Psychiatry）的一種變體，最頑固的玩家是年輕的社會科學家，例如臨床心理學家。這些年輕人在同事當中往往會以開玩笑的方式玩「精神分析」，例如說「你出現敵意了」或「嘿，你的防禦機制怎麼可以如此無意識？」這通常是一種無害而有趣的消遣；這是年輕人學習專業知識所經歷的正常階段，而且在團體中若能有這樣原創性的表達，也是非常有趣的（我最喜歡的一句是「我看見全國口誤大會又開始了」❶）。但是作為團體治療的個案，他們當中也有很多人容易陷入更嚴肅的（用術語）相互評論之中；由於這種相互評論在治療中並沒有太多建設性，所以治療師必須阻止這種情況繼續下去。接下來，他們可能就會玩「溫室」遊戲。

　　近期，畢業生❷有一種強烈傾向，過於誇張的尊重他們所謂的「真實感受」（genuine feelings）。在表達這種感受之前，得先宣告它就要來了，宣告之後，玩家就會描述這種感受，更準確的說，是在團體成員面前展示這種感受，如同它是一株稀有花朵，大家都應該敬畏待之。其他成員就像植物園裡的鑒賞家，玩家非常鄭重的接受他們的回饋。用心理遊戲分析的術語來說，其問題在於，他的這種情緒是否有足夠的資格在「情感展覽大

---

❶　譯注：這裡的「口誤」（Parapraxis）專指「佛洛伊德式失語」（Freudian slip），代表一個人平常的口誤等差錯並不是無意義的，而是潛意識裡的本我動機逃過了意識超我的抑制。

❷　譯注：受過精神病學或臨床心理學等專業訓練的畢業生，也就是伯恩所說的「年輕的社會科學家」，在參加團體治療時過於強調「真實的情感」。

會」上展示。治療師如果在這個時候干預性的詢問，就會遭到強烈怨恨，就好像治療師是個粗手粗腳的笨蛋，正在傷害一株珍稀植物的脆弱花瓣。治療師很自然的感受到為了理解這種花朵的結構和生理機能，就有必須解析它。

反遊戲：諷刺玩家的情感描述

對抗該心理遊戲的方法，是諷刺以上玩家的情感描述，這對取得治療性進展而言至關重要。如果允許這個心理遊戲繼續進行，它便可以維持數年不變。透過這些心理遊戲，玩家認為自己獲得了「治療性體驗」，他已「宣洩敵意」並學會了「面對情緒」，這讓他比那些沒有這麼幸運的同事更具優勢。可是事實上，他們並沒有發生任何有意義的動力學改變，而且已經花費的時間也無法增加治療性獲益。

這種諷刺並不是針對個案本人，而是針對他們的老師以及鼓勵這種過分講究的文化環境。如果時機恰當，治療師質疑式的評論可以成功讓他們從這種矯情的父母自我影響中抽離，並且與其他人的溝通中，會減少這種頑固的自我關注。**他們不應在一種溫室氛圍中栽培情緒，而是應該讓情緒自然發展，待其成熟時再去採摘。**

該心理遊戲最明顯的獲益是「外在心理獲益」，因為它透過設置特殊條件（哪些情緒可以表達）和限制（他人只能呈現特定的回應）來迴避親密。

I'm Only Trying to Help You

2. 「我只是想幫你」遊戲：
父母自我隱蔽的對「助人成功」感到驚恐

論述：來自「人都是忘恩負義和令人失望的」心理動機

　　該心理遊戲可在任何職業場合出現，而不限於心理治療師和社會工作者。不過最常玩這種心理遊戲且表現最充分的，是受過某些專業訓練的社會工作者。我是在一個有趣的場合下確定了對該心理遊戲的分析狀況：

　　在一次撲克牌遊戲中，除了一位心理學家和一位商人外，其他人都把牌面朝下蓋在牌桌上，以表示退出。這位商人拿了一手好牌，於是下注；而心理學家手中的牌無人能敵，所以他跟著加注。商人有點遲疑，於是心理學家開玩笑的說：「別擔心，我只是想幫你！」商人猶豫了一下子，最終還是拋出籌碼下注。然後心理學家亮出制勝的底牌，商人懊惱的拋下手中的牌。其他人被心理學家的這個玩笑逗笑了，輸牌的商人則後悔的表示：「你還真是幫了個大忙！」心理學家向我投來會意的一瞥，意思是若在實際工作中開這種玩笑，必然會損毀你的精神科事業。就在此時，我明白了這個心理遊戲的結構。

　　社會工作者或治療師，無論其專業是什麼，都會對個案提出一些建議。個案回應表示這些建議沒有達到他想要的效果，而工作者聳聳肩將這次的失敗拋之腦後，帶著一絲無奈，然後再提出其他建議。如果工作者更留心，也許此時會覺察到一絲挫敗感，但是無論如何，他還是會繼續嘗試（提出建議）。一般情況下，工作者並不覺得需要拷問自己的動機，因為他知道很多同樣受過訓練的同事也會做出相同的事情，所以他只是在跟隨

「正確的」程式，並且能夠得到督導的全力支持。

如果他碰到的是一位頑固的遊戲玩家，例如充滿敵意的強迫症個案，他將愈來愈覺得自己無法勝任，然後陷入麻煩且情況逐漸惡化。最糟糕的情況是，他碰到了一位憤怒的偏執狂，這位個案在某一天突然闖進來向他怒吼：「看，都是你逼我的！」（Look What You Made Me Do）此時他就會湧現出強烈的挫折感，伴以無聲或直接表達出來：「可是，我只是想幫你啊！」

對方的忘恩負義讓他困惑，也帶來了極大的痛苦，這種困惑也表示了其自身行為背後的複雜動機。該心理遊戲的結果就是這種困惑。

我們不應該將真正的助人工作者與玩「我只是想幫你」遊戲（縮寫ITHY）的人混淆。「我覺得我們可以做些什麼」、「我知道要做的是什麼」、「我的工作就是幫助你」或「我幫助你的費用是⋯⋯」這樣的表述，與「我只是想幫你」完全不同。前四種公開坦承的表達，是治療師的成人自我為困擾的個案提供自己的專業，以此真正幫助他們；ITHY遊戲則懷有隱蔽的動機，這種動機要比玩家的專業技術更能決定其助人工作的結果。導致這種動機的心理地位是「人都是忘恩負義和令人失望的」。因為助人成功會威脅其心理地位，所以任何成功的可能性都將讓玩家的「父母自我」感到驚恐，從而導致破壞其成功的道路。**ITHY玩家需要得到保證，也就是無論他多麼努力提供幫助，別人都不會領情**。個案對此遊戲的回應是「你看，我多努力啊」或「你幫不了我的」。更靈活一點的玩家會妥協：「人們可以接受幫助，只是這需要很長一段時間。」這樣一來，治療師便會為了要求快速獲得結果而感到抱歉，因為他們知道在員工會議上，會有很多同事對此提出質疑。與頑固的ITHY玩家正好相反的極端且也會出現在社會工作者當中，也就是那些在幫助客戶的過程中不加入個人

情感的好律師，此時決定其工作結果的是他們的專業技能，而非潛在的徒勞努力。

　　有很多學校的社會工作專業科目，似乎專門訓練出 ITHY 職業玩家，所以從那裡畢業的學生很難停止玩此心理遊戲。能完整說明前述觀點的一個例子，能在其互補遊戲「貧困」（請參考第 196 頁）的描述中找到。

　　日常生活中很容易發現 ITHY 遊戲及其變式。玩這種心理遊戲的人可以是家族中的友人或親戚（例如「因為我們是朋友／親戚我可以用批發價賣給你」❸）以及對兒童開展社區工作的成年人。父母很喜歡玩這個遊戲，與之互補的是子女們所玩的「看，都是你逼我的」。在社交場合中，它可以是「傻瓜」遊戲的變體，此時玩家是好心辦壞事，而非衝動之下搞破壞；扮演其相應的來訪受害者角色，可能會玩「為什麼我總是會遇到這種事」遊戲及其變式。

反遊戲：從個案的兒童自我態度，決定治療策略

　　當玩家向治療師發出遊戲邀請時，治療師有很多處理策略，選擇何種策略取決於他和個案之間的關係，尤其是取決於個案的兒童自我態度。

　　【策略 1】對抗該心理遊戲最徹底的是經典精神分析，但是對個案而言，也是最難以忍受的。治療師不回應個案的邀請時，個案會更努力嘗試，最終他將陷入一種絕望狀態，表現為憂鬱或憤怒，而這兩個狀態代表著心理遊戲被阻斷的訊號。

---

❸　譯注：美國劇作家、小說家韋德曼（Jerome Weidman）於 1937 年描寫紐約服裝產業的小說《我可以用批發價賣給你》（*I Can Get It For You Wholesale*），1951 年被改編為電影，1962 年被改編為同名百老匯舞台劇，其中充滿野心的女主角為了自己的事業，不惜哄騙妹妹與愛人。

❹　譯注：一種諮商技巧，在會談的過程當中將感受、議題與衝突掀開，以便找到處理之道。

這種情況可以帶來有效的「面質」（confrontation）❹。

【策略2】面對個案的首次邀請，可以使用更溫和（但不刻板）的面質來處理。治療師可以說，自己是個案的治療師，而不是他的管理者。

【策略3】比第二種策略更溫和的程序，是介紹個案加入一個治療性團體，讓其他成員來處理其邀請。

【策略4】如果面對的是處於精神疾病急性發作期的個案，就有必要在初始階段順應其心理遊戲。這樣的個案應該接受精神科醫師的治療，他們是醫生，既能開立處方，也能夠要求個案實施一些即使在這個鎮靜劑滿天飛的時代，也有用的衛生措施。如果精神科醫生制定的治療方案中，除了藥物還包含洗澡、鍛鍊、休息以及規律飲食，那麼個案會：（1）遵照醫囑並且覺得自己開始好轉；（2）小心翼翼的執行這個治療方案，但是抱怨它沒有幫助；（3）隨意提到他忘記執行這套治療方案或者說因為治療方案沒有作用，所以放棄了。

對於第二種和第三種情況，由精神科醫師決定有無必要在此時對個案進行心理遊戲分析，或者是否有其他形式的治療能夠幫助他為後續的心理治療做準備。**精神病學家在決定如何開展下一步工作之前，應該仔細評估「治療方案是否妥善」，以及「個案玩心理遊戲的傾向」兩者之間的關係。**

此外，對個案而言，對抗該心理遊戲的方法是說：「不要告訴我怎麼做才能幫到我自己，我會讓你知道你要怎麼做才能幫到我。」如果已經知

「我只是想幫你」心理遊戲分析

主題：沒有人會按照我告訴他們的那樣去做。

目的：緩和內疚感。

角色：*助人者*、來訪者。

心理動力學：受虐。

範例：

（1）孩子學習的時候，父母介入❺。

（2）社會工作者和來訪者。

社會層面的溝通：父母自我狀態－兒童自我狀態

兒童自我：「我現在要做什麼呢？」

父母自我：「你要做的是……」

心理層面的溝通：父母自我狀態－兒童自我狀態

父母自我：「看，我有多能幹。」

兒童自我：「我會讓你感到自己很無能。」

步驟：（1）要求指導－給予指導；（2）搞砸程式－責備；（3）證明這個程式有問題－暗暗道歉。

獲益：

（1）受難（內在心理獲益）。

（2）避免面對自己的無能（外在心理獲益）。

（3）投射型「家長會」、忘恩負義（內在社交獲益）。

（4）投射型「精神病學」（外在社交獲益）。

（5）被來訪者扇耳光、被督導安撫（生理獲益）。

（6）所有人都忘恩負義（存在性獲益）。

---

❺　譯注：強行提供孩子不需要的解釋。

道治療師是一個「傻瓜」，那麼對個案而言，最合適的反遊戲方法是說：「不要幫我，去幫助其他人。」然而，那些很認真玩「我只是想幫你」的人，通常缺乏幽默感。來自個案這一方的反遊戲，治療師往往難以接受，並且會導致治療師的終身敵意。在日常生活中，除非你已經準備好無情揭露並承擔相應的後果，否則就不要輕易採取對抗該心理遊戲的步驟。例如拒絕一個玩「我可以用批發價賣給你」遊戲的親戚，可能會引發嚴重的家庭糾紛。

Indigence
3.「貧困」遊戲：為了獲得接濟與救助所出現的心理遊戲

論述：與「我只是想幫你」互補的心理遊戲

對該心理遊戲最好的描述，出自亨利・米勒（Henry Miller）的《馬盧斯的巨像》（*The Colossus of Maroussi*）：「這件事情一定發生在我找工作的那一年，可是那一年的我，完全不想找工作。我想起來了，曾經我以為自己是那麼的絕望，甚至沒有心思去查看報紙上的招聘廣告。」

這個遊戲與「我只是想幫你」遊戲（縮寫ITHY）互補。社會工作者以ITHY為生，他們的個案則以「貧困」遊戲為生。我在「貧困」遊戲的經驗有限，以下我引用我最成功的學生如何說明該心理遊戲的本質及其社會地位：

布萊克小姐是一家社會福利機構的社工，該機構對外宣稱其宗旨是為了幫助貧困人士恢復經濟狀況，也就是幫助他們找到有固定收入的工作，該機構也因此得到了政府資助。根據官方報告，這個機構的個案「持續進步」中，但是幾乎沒有人能真正「恢復」（經濟狀況）。報告稱這種情況是

能夠理解的，因為絕大多數的個案已經領取社會福利救濟多年，且從一個機構轉向另一個福利機構，有時候一次接受五到六家福利機構幫助。所以，很明顯他們是「困難個案」。

布萊克小姐接受過心理遊戲分析訓練，所以很快意識到機構的工作人員一直在玩ITHY遊戲，並且她很好奇個案對此有什麼反應。為了探究這一點，她每週都問自己的個案實際上嘗試了多少工作機會。有意思的是，她發現按道理來說，個案應該會日日勤勉的找工作，但是實際上，他們為此付出的努力非常少，有時候他們所做的嘗試也相當諷刺。例如，一位個案說他每天至少投履歷給一個招聘廣告。布萊克小姐問：「什麼類型的工作呢？」個案說他想要從事銷售工作。於是布萊克小姐問：「你只投履歷給銷售類工作嗎？」個案說：對，但是問題是他有口吃，這讓他難以從事此類工作。布萊克小姐在該機構的督導，注意到布萊克小姐所問的這些問題，並且因為她對個案造成「過多壓力」而警告她。

儘管如此，布萊克小姐並沒有放棄，還打算對其中一些個案開展真正的康復工作。她挑選出那些身體強健且沒有合理理由繼續領取社會福利金的個案，並向這些人講解ITHY遊戲和「貧困」遊戲。當他們願意承認自己在玩心理遊戲後，布萊克小姐說除非這些個案找到工作，否則就停止發放社會福利金並將他們轉介給另一個性質不同的機構。這樣一來，有許多人幾乎立刻就找到了工作，有些人甚至是這麼多年來第一次被人雇用。但是個案對布萊克小姐的態度感到憤慨，還有些人寫信給她的督導抱怨此事。督導把布萊克小姐叫過來，更嚴厲的批評她，說哪怕這些個案已經在工作，他們也沒有「真正的康復」。督導提醒布萊克小姐，在這個機構裡已經有人質疑是否讓她繼續留任。

布萊克小姐為了留下來，試圖委婉的向督導解釋機構宣稱的「真正的

康復」是什麼。結果還是不了了之。督導只說她增加個案「不必要的壓力」，儘管這已經是那些個案多年來，第一次能夠在經濟上支持他們的家庭，可是這個事實並沒有為她贏得讚揚。

因為布萊克小姐需要這份工作，但是目前又面臨失去它的危險，很多朋友想辦法幫她。一位德高望重的精神科門診主任寫信給她的督導，稱自己聽說布萊克小姐為接受社會救濟的人群開展了相當有效的工作，並詢問可否請布萊克小姐到自己的科室員工討論會分享這些發現，但是那位督導拒絕了他的請求。

在這個例子中，「貧困」遊戲的規則由社會福利機構設定，與ITHY遊戲的規則保持互補。社會工作者和個案之間達成了某種默契，這種默契可這樣表達：

社工：「我會努力幫助你（前提是你沒有變得更好）。」

個案：「我會去找工作（前提是我不一定非要找到工作不可）。」

如果個案變得更好、破壞了這種默契，社會福利機構就會失去一位個案，而個案也會失去資助，雙方都感到自己有所損失。如果由社工打破此默契，就像布萊克小姐那樣，讓個案真的去找工作，社會福利機構就會因為個案抱怨而遭受懲罰——其抱怨可能會引起更高權力部門的注意，同樣，個案也會失去資助。

只要雙方繼續遵從這個潛規則，都能夠獲得他們想要的。個案得到了救濟，並很快明白機構需要的回報——「向他人伸出援手的機會」（作為ITHY遊戲的一部分），以及用來在「以個案為中心」的員工討論會上，呈現的「臨床資料」。個案樂於配合機構的要求，雙方都很滿意，因此相處

融洽，完全不願意中斷這種令人滿意的關係。而布萊克小姐實際上是「縮回援手」而非「伸出援手」，並且建議實施「以社會為中心」的案例管理，而非「以個案為中心」；這讓所有相關人員都感到不安，而不管實際上，她才是真正遵循機構公開目的唯一一個人。

這裡有兩點需要注意：首先，「貧困」是一種心理遊戲而不是因為身體、心理或經濟問題所導致的現實狀況，在接受救濟的個案當中，只有一部分人玩此心理遊戲。其次，這種心理遊戲只會被受訓玩「我只是想幫你」的社會工作者所支持，不玩ITHY遊戲的社工則不會那麼容忍。

與「貧困」同屬一系的心理遊戲，還包括「退伍老兵」（Veteran）和「門診」（Clinic）。「退伍老兵」遊戲表現出相同的共生關係，只不過這一次，雙方分別是退伍軍人管理局（與社會福利機構類似的組織）和一定數量的「職業退伍老兵」——他們要求享受與傷殘退役軍人一樣的合法特權。而在大型醫院門診就醫的個案中，有一部分人玩「門診」遊戲。和「貧困」及「退伍老兵」不同，玩「門診」遊戲的個案並沒有經濟上的獲益，而是來自其他方面。他們非常願意配合醫務人員的訓練和疾病研究，因此他們玩這個心理遊戲是出於有益的社會性目的，這樣做能為他們帶來正當的成人自我滿足，這種滿足是「貧困」和「退伍老兵」玩家無法獲得的。

反遊戲：停止提供玩家福利

要對抗這個心理遊戲，就應該停止提供玩家福利。就像大部分的心理遊戲一樣，這樣做所導致的危險主要不是來自玩家本人，而是因為該心理遊戲已扎根於我們的社會文化，並且被與之互補的ITHY遊戲玩家細心培育。專業上的同事、激憤的公眾、政府機關，以及相關保護性組織，都會威脅反抗該心理遊戲的過程。在阻斷「貧困」遊戲之後所出現的抱怨，會

導致對抗心理遊戲的人大聲疾呼：「是啊是啊，但是這樣做的效果如何？」這是一種健康且具建設性的操作或消遣，即使它偶爾會影響人們坦率的程度。實際上，允許問這樣的問題，是美國整個民主自由政治體系的基礎（在其他政治體系下，人們可能無權問此類問題）。沒有這個允許，人道主義的社會進程就會受到嚴重阻礙。

Peasant

4.「鄉下人」遊戲：
為了滿足自己的需要，而出現的偽裝型鄉下人遊戲

論述：「天真型」與「偽裝型」鄉下人遊戲

「鄉下人」遊戲的原型，是一位患有關節炎的保加利亞村民，她賣掉家裡唯一一頭奶牛，湊錢到保加利亞首都索菲亞的大學附設醫院。教授對她進行檢查，並且發現這個案例很有意思，於是將她帶到學生面前進行臨床案例演示。教授不僅說明了她的病理機制、症狀和診斷，還概括解釋了如何治療，整個過程都讓她心生敬畏。離開之前，教授為她開立處方並且更詳細的解釋了治療方案。她被教授的學識折服，用標準的保加利亞方言說：「天啊，教授你真棒！」然而，她從未按處方服藥。首先，她所在的村落沒有藥局；其次，即使有藥局，她也不願意讓如此有價值的一張紙離開自己。她也沒有能力完成治療方案中除了藥物治療以外的其他措施，例如改善飲食和接受水療法等等。她的生活和過去一樣，依舊因為關節炎而跛著腳，但是現在她更快樂了，因為她可以告訴每一個人在首都有一位了不起的教授為她進行了非常棒的治療，她每天晚上祈禱時，都會表示對教授的感激。

幾年以後，這位教授要去見一位富有但苛刻的病人（他為此心情不佳），碰巧經過這個村莊。當這位鄉下人突然衝過來並親吻教授的手時，教授才想起了這位鄉下人，並且還想起了在很久以前，自己曾經為她制定了絕妙的治療方案。教授優雅的接受了鄉下人的敬意，特別是當她告訴教授這個治療方案多麼有效時，教授相當滿意。實際上，由於教授急著趕路，以至於沒有注意到鄉下人腳跛的程度依舊嚴重。

社交情境中的「鄉下人」遊戲有兩種形式，一種是天真型，另一種則是偽裝型，兩種形式的口號都是：「天啊，慕格朵先生，你真棒！」（Gee You're Wonderful, Mr. Murgatroyd，縮寫GYWM）。在天真型的「鄉下人」遊戲中，「慕格朵先生」是真的很了不起，他是著名的詩人、畫家、慈善家或科學家，天真的年輕女性常常不遠千里趕來，只為了見他一面、拜倒在他的西裝褲下，就連他的缺點都會被美化。但是在偽裝型遊戲中，更富心計的女性會故意與這種男人結婚或發展婚外情，她的確喜歡和欣賞他，但是也完全清楚他的弱點，甚至會為了滿足自己所需而利用其弱點。對於這兩類女性，其遊戲的區別之處在於，**天真型的女性美化了他的缺點，即使能準確評價，也依然尊敬他的成就；偽裝型的女性則是在利用他的缺點。**

在偽裝型的「鄉下人」遊戲中，慕格朵先生也許真的很了不起，也許未必，但無論哪種情況，他所遇到的這個女人都不是真正欣賞他；她可能是一名高級妓女，在玩「敝人我」遊戲❻，純粹是用「天啊，慕格朵先生，你真棒！」這樣的阿諛奉承，來達到自己的目的。在私底下，她不是被他搞糊塗了，就是在嘲笑他。但是無論如何，她都不會真正在乎慕格朵

---

❻ 譯注：放低姿態，表現得極為謙卑、迎合對方。

先生；她想要的只是跟他在一起能得到好處。

臨床情境中的「鄉下人」遊戲也有類似的兩種形式，它們的口號都是：「天啊，教授你真棒！」（Gee You're Wonderful, Professor，縮寫GYWP）。天真型遊戲中的個案，只要繼續相信GYWP遊戲就可以一直維持良好狀態，這樣一來，治療師就有義務公開或私底下都保有正派的行為。在偽裝型遊戲中，個案希望治療師同意她的GYWP遊戲，並且稱：「你有非凡的洞察力。」（You're Uncommonly Perceptive，縮寫YUP）。一旦治療師被她捧上神壇，她就會想辦法讓他出醜，然後轉向另一位治療師；只有不輕易上鉤，治療師才能真的幫助到她。

對個案而言，要在GYWP遊戲中獲勝，最簡單的方法就是不讓病情好轉。如果她更惡意，就會採取更主動的方式打敗治療師。有一位女士和精神科醫師玩GYWP遊戲，症狀沒有任何緩解；最終她說了一大堆表示敬意和歉意的話，然後離他而去。個案離開精神科醫師後，又去找她最尊敬的牧師尋求幫助，並對他玩GYWP。幾週後，她引誘牧師進入第二級「挑逗」遊戲。然後，她隔著後院籬笆和鄰居說悄悄話，告訴鄰居自己多麼的失望，因為：「這位像布萊克牧師（Rev. Jerry D. Black）❼一樣優秀的男人，只因為一時邪念，竟然挑逗她這樣一位既天真又無魅力的女人。她認識牧師太太，當然可以原諒牧師，但是……」諸如此類，她都悄悄告訴了鄰居。這個祕密就這樣在不經意間脫口而出，當然事後她才「驚駭萬分」的想起來，這個鄰居是當地教會的一位長老。她利用「病情沒有好轉」戰勝了精神科醫師；對於牧師，她則透過引誘他獲得勝利，儘管她拒絕承認。

---

❼ 譯注：布萊克牧師，喬治亞州迪凱特市布拉浸信會教堂（Beulah Missionary Baptist Church）的高級牧師。

她的第二位精神科醫師介紹她參加團體治療，在那裡，她無法像過去那樣操縱他人。就這樣，因為無法用GYWP遊戲和YUP遊戲來填充她的治療時間，這位女士開始更仔細的檢查自己的行為，並在團體的幫助下放棄了她玩的兩種遊戲——「天啊，教授你真棒」遊戲和「挑逗」遊戲。

反遊戲：堅定拒絕給予建議

治療師要先確定這個心理遊戲是否為天真型，如果是，為個案著想應該讓該心理遊戲繼續下去❽，直到個案的成人自我狀態成熟到足以對抗該心理遊戲所帶來的風險。如果該心理遊戲是偽裝型，便要在個案已經充分準備好理解整個過程後，抓住第一個適當的機會來實施反遊戲措施。此時，治療師必須堅定的拒絕給予建議，如果個案抗議，治療師應讓個案清楚知道，這樣做並非出於「沒有人情味的精神病學」，而是經過周詳考慮後採取的治療手段。在適當的時候，治療師的拒絕有可能會激怒個案，或者導致個案出現急性焦慮症狀。接下來的措施依照個案問題的嚴重程度而定，如果個案過於不安，應該對其急性反應採取相應的精神科處理，或者透過分析程式來重建治療情境。對抗「偽裝型」鄉下人遊戲的首要目標，是分離個案成人自我狀態與虛偽的兒童自我狀態，這樣才能進行心理遊戲分析。

在社交場合中，應該避免與天真型GYWM玩家產生親密糾葛，任何一位理智的經紀人都會這樣勸告他所負責的演員❾。另一方面，玩偽裝型GYWM的女性如果能夠擺脫這個心理遊戲，有時候也能變得睿智且有趣，

---

❽　譯注：在治療的某些階段應允許個案將治療師理想化，不要過快對此進行面質或分析。
❾　譯注：也就是：「不要和盲目熱情的粉絲糾纏不休。」

從而成為家庭和社交圈中受人歡迎的一分子。

Psychiatry
5. 「精神病學」遊戲：
基於「我是醫治者」的心理地位，所出現的心理遊戲

論述：精神病學作為「程式」與作為「心理遊戲」的差異

我們必須區分作為「程式」的精神病學和作為「心理遊戲」的精神病學。相關臨床研究文獻所呈現的有效證據表示，以下方法可以用於治療精神疾病：休克療法、催眠、藥物治療、精神分析、行為矯正精神病學和團體治療。其他一些不常用的方法不在此討論。「精神病學」遊戲可以利用任何一種方法進行，該心理遊戲源自「我是醫治者」心理地位，這個心理地位也得到相關文憑的支持：「文憑上寫了，我是醫治者。」需要注意的是，不管怎麼樣，這都是具有建設性和善意的心理地位，而且玩「精神病學」遊戲的人，如果得到了專業訓練，也能發揮很大的作用。

不過如果能適度緩和一下治療熱情，其治療結果可能會更有益。對抗該心理遊戲最好的表達，來自很早以前的安布魯瓦茲・巴累（Ambroise Paré）[10]，他說：「我治療他們，上帝治癒他們。」每一位醫科學生都知道這句格言以及其他類似格言，例如：「首先，不要造成傷害。」（primum non nocere）以及「尊重自然的痊癒力量」（vis medicatrix naturae）。不過，無醫學背景的治療師可能很少了解這些古老的告誡。**「我是醫治者，因為文憑上寫了我是醫治者」這個心理地位，可能是有害的，我們可以用更合適**

---

[10] 譯注：法國人，被稱為「現代外科學之父」。

的陳述代替：「我會使用已經學會的治療程式，希望它對你能夠有所幫助。」這種地位避免了基於「因為我是醫治者，如果你沒有變好，那就是你自己的錯」心理地位的遊戲（如「我只是想幫你」遊戲），或基於「因為你是醫治者，所以我要為你好起來」的遊戲（如「鄉下人」遊戲）。當然，每一位認真盡責的治療師，基本上都知道這些。實際上，可以在優質的心理診所報告案例的治療師，都能有所覺察。相反的，一個好的心理治療診所，應該確認其治療師了解這些情況。

另一方面，「精神病學」遊戲更容易出現在已經找過那些治療師能力尚且不足的個案。例如，有一些個案仔細挑選能力較弱的精神分析師，一個接著一個看，以此表示他們無法被治癒，與此同時，他們所玩的「精神病學」遊戲也愈來愈巧妙，以至於最終即使是頂級的臨床工作者，也難以處理。個案所進行的雙重溝通是：

成人自我：「我來這裡，是想得到治癒。」

兒童自我：「你永遠無法治癒我，但是你可以教我如何成為更好的精神官能症個案（玩更好的「精神病學」遊戲）。」

相似的還有「心理健康」遊戲（Mental Health）；此時個案的成人自我會說：「如果我應用曾經聽到或讀到的心理健康原則，一切都將變好。」一位個案可以從一位治療師那裡學會玩「精神病學」遊戲，從另一位治療師那裡學會玩「心理健康」遊戲，然後又因為一位治療師而開始玩更好的「溝通分析」遊戲。當治療師與個案坦率的討論這些狀況時，個案同意停止玩「心理健康」遊戲，但是請治療師允許她繼續玩「精神病學」遊戲，因為玩這個心理遊戲可以讓她感到舒服。這位溝通分析學派的精神科醫師同意了，因此個案連續幾個月報告她在每週會面間隔期間所做的夢，以及

她對這些夢的理解。最後，可能出於感激，個案決定弄清楚自己真正的問題，他想也許這樣會很有意思。於是個案認真投入到溝通分析治療之中，並獲得了良好的治療效果。

「精神病學」遊戲的一種變式是「考古學」遊戲（Archaeology，承蒙舊金山的瑞德醫師提供這個名字），個案在這種心理遊戲中所採取的姿態是，打個比方：只有當她發現到底是誰啟動按鈕❶，一切才會突然變好。這將導致治療陷入持續反芻童年期事件。有時候，治療師可能會被個案誘騙進入「評論」遊戲（Critique），也就是個案向治療師描述自己在不同場合中的情緒感受，然後由治療師來告訴她這些情緒的問題出在哪裡。「自我表達」（Self-Expression）是一些團體治療中常見的心理遊戲，該心理遊戲源自一種教條：「情緒是好的。」例如，一位在團體中髒話連篇的個案，成員可能會替他鼓掌喝采，或至少會暗中稱讚。而成熟且有經驗的治療團體很快就能發現這是一種心理遊戲。

在團體治療中，有些成員能很輕易的辨認出「精神病學」遊戲，如果新加入的個案在玩「精神病學」遊戲或者「溝通分析」遊戲，而非透過團體程式獲取其應得的內省，他們就可以很快的讓該成員了解這一點。有一位婦女從某個城市的自我表達團體轉介到另一個城市且更為成熟的團體。在新的團體中，她再一次講述發生在自己童年時期的亂倫關係。她反復講這個故事，以前聽故事的人都會如其所料的表達出震懾之情，但是這一次例外，這個團體對此的反應是中立的，於是這激怒了她。她驚訝的發現，比起曾經的亂倫史，這個團體對她所表現出來的「互動式憤怒」（transactional anger）和她說話時憤怒的語氣更感興趣，在她看來，這是對

---

❶　譯注：探詢其問題的歷史根源。

自己最大的侮辱，於是她譴責團體其他成員不是「佛洛伊德學派」（Freudian）。佛洛伊德本人對待精神分析當然更認真，他曾透過表示自己不屬於佛洛伊德學派，來避免產生與之有關的心理遊戲。

最近，我們發現「精神病學」遊戲有一種可以稱之為「告訴我」遊戲（Tell Me This）的新變式，這個心理遊戲有一點像聚會消遣「20個問題」（Twenty Questions）。懷特談起自己的一個夢或一件事情，然後其他成員，經常也包括治療師在內，試著透過詢問與之相關的問題來解釋。只要懷特持續回答這些問題，團體成員就會繼續提問，直到他們找到懷特無法回答的問題。然後，成員之一的布萊克就會停下來，帶著一絲會意的表情，意思是：「啊哈！要是你能夠回答這個問題，就一定能好轉，我的任務完成了。」（這是「你為什麼不一的確，但是」遊戲的遠親）。有些團體治療幾乎是以這個遊戲為基礎，可以持續數年，而且僅有微弱的改變或進步。「告訴我」遊戲給了懷特（個案）很大的空間，他可以捲入這個心理遊戲然後深感徒勞無功；或者他也可以透過回答所有問題來反擊這個心理遊戲，此時其他玩家很快就會表現出憤怒和憂鬱，因為個案正在反擊他們：「我已經回答了你們提出的所有問題，但是你們還沒有治癒我，你們覺得自己有用嗎？」

「告訴我」遊戲也可以在教室中玩，對於某些老師所提出的開放式問題，學生知道無法透過實際資料來找出「正確的」答案，只能猜測哪些回答能夠讓老師高興。該心理遊戲有一種賣弄學問式的變式，可以出現在古希臘語教學中；教師總是占據上風，讓學生看起來很蠢，並且透過指出學生文章中一些不起眼的問題來證明這一點。教授希伯來語時，也會出現這種心理遊戲。

Stupid
6.「愚蠢」遊戲：源自憂鬱心理地位而出現的心理遊戲

論述：懂得東西愈少，就愈會玩這個心理遊戲

較溫和的「愚蠢」遊戲，主題是「我和你們一起嘲笑我的笨拙和愚蠢」。然而問題嚴重的人會以一種慍怒的方式玩這個心理遊戲：「我很蠢，我就是這樣，你能拿我怎麼樣。」這兩種形式都源自一種憂鬱的心理地位。我們應該將「愚蠢」和「傻瓜」區別，後者的心理地位更具攻擊性，而且其笨拙的行動是為了獲得原諒。除此之外，我們也應該與「小丑」（Clown）區別，「小丑」不是心理遊戲，而是一種可以強化「我無害又可愛」心理地位的消遣。

對懷特而言，「愚蠢」遊戲中最關鍵的溝通，是讓布萊克直接或間接表示懷特很蠢。因此，懷特表現得像個「傻瓜」，但是不會要求他人原諒；事實上，他人的原諒會讓懷特很不自在，因為這威脅到了他的心理地位。又或者，懷特的言行舉止就如同小丑般滑稽，但是並不意味著這是他在開玩笑；懷特希望自己的行為能得到認真對待，以表示自己是真的愚蠢。在這個心理遊戲中有相當多的外在獲益，因為懷特懂的東西愈少，就愈會玩這個心理遊戲，所以他在學校裡不需要學習，在工作中也不需要想辦法去學會任何能帶來進步的事情。懷特從很小就已經知道，只要他繼續愚蠢，那麼每個人都會對他感到滿意（儘管有很多人表達的意思與此完全相反）。人們會吃驚的看到，如果懷特在遭遇困難時決定去面對和承受，那結果將表示他完全不愚蠢——更像是童話故事裡那個「愚蠢的」小兒子❿。

---

❿　譯注：安徒生童話〈傻漢漢斯〉。

反遊戲：不取笑玩家的笨拙、不譴責其愚蠢

對抗溫和形式的「愚蠢」遊戲很簡單，只需要「不取笑玩家的笨拙、不譴責其愚蠢」。這樣，反「愚蠢」遊戲的人，就可與玩家建立終身友誼。「愚蠢」遊戲有一個微妙之處，在於玩家通常具有「循環性憂鬱」（cyclothymic depression）或「躁鬱症」（manic depression）人格。當這樣的人在「歡愉」（euphoric）狀態時，他們似乎真心希望周圍的人也加入嘲笑自己之列。周圍的人很難拒絕他的邀請，因為玩家會讓人有「他會不滿那些克制自己不捲入其遊戲的人」的印象——實際上他們也的確如此，因為這些人將威脅玩家的心理地位並且會破壞心理遊戲。但是，當個案陷入憂鬱狀態時，將會公開表達不滿那些一起發笑或嘲笑自己的人。此時，那些克制住不參與的人，便知道自己的做法是對的。這些人將是個案在團體治療室裡希望與之共處或與之溝通的唯一一人，而在之前享受「愚蠢」遊戲的「朋友」，現在都變成了他的敵人。

告訴懷特他並不是真的愚蠢，其實沒有什麼作用。懷特可能的確智商有限，而且也清楚知道這一點，「愚蠢」遊戲便是這樣開始的。然而，可能有一些特殊領域是懷特所擅長的，例如「心理洞察力」。治療師向個案表示這種天資值得尊重，也是一種可取的做法，這和治療師笨拙的「安慰」不同。安慰只會讓個案更痛苦的認知到其他人甚至比自己更蠢，對個案而言，這只是一種聊勝於無的安慰。這種「安慰」當然不是最明智的治療程式，通常是「我只是想幫你」遊戲中的一個步驟。**阻斷「愚蠢」遊戲並不是用另一種心理遊戲來取代，治療師只需要克制住不參與「愚蠢」遊戲即可。**

對抗「慍怒型」愚蠢遊戲是更複雜的問題，因為慍怒的玩家所試圖激

起的不是他人的笑聲或嘲笑，而是無助感或惱怒，他已經準備好應對他人的無助感或者惱怒感──「你能拿我怎麼辦」（So Do Me Something）。所以，他無論如何都會贏。如果布萊克什麼都不做，這是因為他感到無助，如果他真的對懷特做了一些動作，就說明他被激怒了。因此，這些人也很容易玩「你為什麼不－的確，但是」，透過這個心理遊戲，他們也能獲得與「溫和型」愚蠢遊戲同樣的滿足。這種情況沒有簡單的解決辦法，除非更了解該遊戲的心理動力學，否則便不要期望能輕鬆解決這個問題。

Wooden Leg

7.「義肢」遊戲：
為了阻止心理遊戲結束，所展開的另一項心理遊戲

論述：用以阻擋心理治療過程的藉口

「義肢」遊戲最戲劇化的形式是「懇求瘋狂」。用溝通分析的術語來說就是：「像我這樣情緒紊亂的人，你還能希望我怎麼樣呢？難道希望我能克制住不殺人嗎？」而陪審團的回應是：「當然不，我們不會強加這種限制在你身上！」作為一種法律遊戲，「懇求瘋狂」被美國文化所接納，但是它和普世公認的原則有所不同，該原則認為一個真正受精神疾病嚴重影響的人，才無須為其行為負責。在日本，「醉酒」是逃避任何殘暴行為責任的藉口；在俄羅斯，這種藉口則是「戰時兵役」（以上依據的是我本人的經驗）。

「義肢」遊戲的主題是，「你對一個裝著義肢的人，還能有什麼期望呢？」這樣一來，人們不能對裝有義肢的人抱有任何期望，只能希望他能夠控制好自己的輪椅。可是另一方面，第二次世界大戰期間在陸軍醫院截

肢中心，有一個裝著義肢的男人經常跳也很擅長吉特巴舞❸。我還聽說有些盲人擔任律師和從政（其中有一位目前已經是我故鄉的市長），有些聾啞人士從事精神科醫生，也有人失去雙手還能夠使用打字機。

　　如果有人雖帶著真實、誇大，甚至想像中的殘疾，但是卻對自己的處境感到滿意，也許其他人最好不要干涉。但是如果他正在接受心理治療，我們就要問他這種生活是否對他最為有利，他能否超越自己的缺陷。在美國，心理治療師的做法往往與大部分受過教育的公眾觀點相左。如果個案的實際情況獲得了改善，即使是那些曾經因為個案殘疾帶來不便而有最大怨言的至親，最終也會反過來攻擊治療師。對心理遊戲分析師而言，這很容易理解，但是仍造成治療工作更艱難。如果個案有想要跳出心理遊戲的跡象，那些正在和個案玩「我只是想幫你」遊戲的人，就會因為心理遊戲即將破滅而感到威脅，有時候他們會使用難以置信的方法來終止個案的治療。

　　在「貧困」遊戲中（請參考第196頁）討論到布萊克小姐的那位口吃個案，便能完美說明這兩方面，該個案所玩的遊戲正是經典的「義肢」遊戲。他沒辦法找到工作，便歸咎於自己的口吃，而銷售又是他唯一感興趣的職業。身為一名自由的公民，他有權利在自己選定的任何領域尋找工作機會，但是作為口吃者，他的選擇則令人懷疑其動機是否純粹。當布萊克小姐試圖打破這個心理遊戲時，其所屬機構的反應卻對她很不利。

　　「義肢」遊戲在臨床實務中相當有害，因為個案可能會找到一個用同樣藉口玩相同心理遊戲的治療師，從而導致治療毫無進展。「意識形態藉口」相當普遍，個案會說：「對於生活在我們這種社會中的人，你還能希

---

❸　譯注：源自1920年代，結合歌曲和特技式旋轉以及兩人急速打轉之形式的舞蹈。

望他怎麼樣呢？」有位個案將「心身疾病藉口」（「對一個深受心身症狀之苦的人，你還能希望我怎麼樣呢？」）與「意識形態藉口」結合起來。他找了一連串治療師，他們都只願意接受其中一個藉口，所以他們既不能透過接受兩個藉口讓這位個案感到舒服，也無法透過全都拒絕來改變他的態度。這樣個案便能證明，精神病學無法幫助人。

個案經常用來為其病理性行為辯護的藉口，包括感冒、腦損傷、環境壓力、現代生活所帶來的壓力、美國文化，以及經濟體系等等。有一定文化素養的玩家，很容易用國家或政治制度來支持自己：「我會喝酒，是因為我是愛爾蘭人」、「要是我生活在俄羅斯或大溪地，就不會發生這種事」。事實上，在俄羅斯或大溪地的精神病院住院的個案，和美國本土醫院的住院個案並沒有什麼不同[1]。在臨床工作以及社會研究中，對於「要不是因為他們」或者「他們讓我很失望」這樣的特殊藉口，都必須從頭到尾仔細評估。

更複雜一點的藉口類似於：「對一個（1）來自破碎家庭的人；（2）精神官能症個案；（3）正在接受精神分析的人；（4）正在遭受像是酗酒這樣的疾病之苦的人，你還能希望我怎麼樣呢？」更進一步的藉口是：「如果我停止這樣做，就沒法分析它了，我也永遠無法變好。」

「義肢」遊戲有一種換湯不換藥的表現形式，那就是「人力車」遊戲（Rickshaw），其主題是「要是有（人力車）（鴨嘴獸）（會說古埃及語的女孩）的話，我怎麼會陷入如今這種困境」。

反遊戲：治療師必須清楚區分自己的父母自我與成人自我

如果治療師能夠區分自己的父母自我狀態和成人自我狀態，並且諮訪雙方都清楚明白治療目標，就不難阻斷「義肢」遊戲。

處於父母自我狀態之中的治療師可以是「好的」父母自我，也可能是「嚴厲的」父母自我。作為「好的」父母自我，治療師能夠接受個案的藉口，特別是當個案的藉口恰好符合治療師自己的觀點時更是如此，例如合理化認為在沒有完成治療之前，人們無須對自己的行為負責。作為「嚴厲的」父母自我，治療師會拒絕個案的藉口，並陷入與個案的意志鬥爭。這兩種態度都是玩「義肢」遊戲的人所熟悉的，而且個案也知道要如何從任意一種態度中，榨取最大的滿足。

　　處於成人自我狀態之中的治療師，可以杜絕提供個案這樣的機會。若個案問：「對精神官能症個案，你還能希望他怎麼樣呢？」（或任何一種藉口）治療師可以回應：「我不期望任何事情。問題是，你對你自己有什麼期望？」**治療師唯一的要求，是請個案認真面對這個問題；而治療師唯一的讓步，是給予個案夠長的時間來回答這個問題**：根據他們之間的關係以及個案之前的準備，這個時間可以從六個星期到六個月不等。

第 **12** 章

好的心理遊戲
Good Games

❧

社會貢獻超過其複雜程度的心理遊戲

❧

精神科醫師是充分研究心理遊戲最佳甚至是唯一的人選，但是遺憾的是，他們經手的絕大部分案例，都是受心理遊戲所害而身陷囹圄之人。這意味著得到臨床研究的心理遊戲，在某種意義上都是「壞遊戲」。而且根據定義，心理遊戲的基礎是隱藏溝通，所以必然都含有利用的成分。基於這兩個原因，無論在實踐中還是在理論上要找到「好遊戲」都比較困難。「好遊戲」是指其社會貢獻超越了它的複雜動機，尤其是玩家並沒有抱著玩世不恭或徒勞無益的態度來對待這些動機，也因此，**「好遊戲」既有利於其他玩家的福祉，同時也能促進玩家本人的發展。**哪怕在最好的社交活動和社會組織之中，大部分時間都是用來玩心理遊戲，所以我們必須非常努力才能從中發現「好遊戲」。本章提出了一些實例，但是無論在數量上還是品質上都遠遠不夠。這些心理遊戲包括「照常工作的假日」、「獻殷勤的紳士」、「樂於助人」、「平凡的智者」和「他們會很高興認識了我」。

Busman's Holiday

1.「照常工作的假日」遊戲：
具有積極意義、建設性的心理遊戲

論述：如果有更重要的潛在目的，便成為了心理遊戲

　　嚴格來說，這是一種「消遣」而非心理遊戲，而且很明顯，對涉及的人都有積極意義。例如一位美國郵差在前往東京度假時，幫助了一位日本郵差完成其工作；或者一位美國的耳鼻喉科專家利用度假時間在海地的醫院工作，他們都感到非常開心、精神煥發，就像去過非洲打獵或駕車穿越大陸一樣，也有好故事可以講給其他人聽。美國的「和平工作團」（Peace Corps）❶現在已經得到官方認可，來進行「照常工作的假日」。

　　然而，如果這種「假期中的工作」帶有某些更重要的潛在目的，且僅是為了達成其他目的的幌子，那「照常工作的假日」就變成了心理遊戲。但即使在這種情況下，它依然保留了具建設性的一面，並且值得推薦作為其他活動的幌子，當然它所掩蓋的其他活動也應具有建設性。

Cavalier

2.「獻殷勤的紳士」遊戲：
展現創造力、熱情、獨創性的心理遊戲

論述：不存在性壓力的男士所玩的心理遊戲

　　玩「獻殷勤的紳士」遊戲的，通常是不存在性壓力的男士——偶爾也

---

❶　譯注：派遣志願工作者到貧困國家的一個美國組織。

有對自己婚姻或戀愛狀況滿意的年輕男人玩這個心理遊戲，但是大部分是那些遵從一夫一妻制或信仰單身主義的成熟男性。當碰到一位合適的女士時，懷特會抓住每一個機會來讚譽她，但是從不越界做出有違自己身分地位或不符合當時情形和有失品味的舉動。然而在這個界限之內，他會盡可能發揮其創造力、熱情與獨創性。懷特的目標不是勾引，而是彰顯自己高超的恭維技巧。該心理遊戲的內在社交獲益在於：透過這種無害的藝術性讚譽，為女士帶來歡愉，以及她對懷特的恭維技巧所作出的欣賞回應。

在合適的情況下，遊戲雙方都會明白該心理遊戲的本質，隨著雙方的興致愈來愈高，該心理遊戲也會持續下去，除非男方的言行開始放肆。通曉世故的男士當然知道何時該停止，並且會在其恭維不再令人愉快（考慮到女方的感受）或者其恭維能力開始下降（考慮到對自己恭維技能的驕傲）之前便停下來。對於詩人而言，玩「獻殷勤的紳士」遊戲是為了獲得外在社交獲益，因為他們除了對激發其靈感女士的回應感興趣外，同樣也期待資深批評家和一般公眾讚賞其恭維技術（詩歌）。

歐洲人浪漫，英國人富有詩意，他們似乎比美國人更適合這個心理遊戲。在美國，這個遊戲已被「水果攤詩歌學派」所占領：你的眼睛就像鱷梨，你的嘴脣宛若黃瓜等等。水果攤型的「獻殷勤」遊戲沒有詩人赫里克（Robert Herrick）和勒芙蕾絲（Richard Lovelace）的作品那樣優美，甚至比不上作家羅徹斯特（John Wilmot, 2nd Earl of Rochester）、羅斯康蒙（Wentworth Dillon, 4th Earl of Roscommon）和多塞特（Charles Sackville, 6th Earl of Dorset）那極盡嘲諷卻又富有想像的作品。

反遊戲：慍怒的女士玩挑逗遊戲

在「獻殷勤的紳士」遊戲中，女士需要一定的經驗才能勝任自己這方

的角色，若完全拒絕玩這個心理遊戲，會顯得她過於慍怒或愚蠢。對於對方的恭維，最合適的回應是：「天啊，慕格朵先生，你真棒。」的變式，也就是：「M先生，你真會說話。」（I Admire Your Production, Mr. M）如果這位女士過於僵硬或遲鈍，她可能會想用GYWM來回應，但是卻沒有抓住要領，那就是「懷特用詩歌而不是自己本身來表示對她的欣賞」。對抗該心理遊戲非常殘忍的方式，是慍怒的女士玩第二級「挑逗」遊戲（滾開，混蛋）。可以想像，第三級「挑逗」遊戲在這種情況下是多麼卑鄙的回應。如果這位女士只是愚蠢，她可能會玩第一級「挑逗」遊戲，用對方的恭維來滿足自己的虛榮並且忽略了自己需要感謝懷特在創造性上的努力和能力。一般而言，如果女方將男方的恭維理解為企圖引誘自己所作的文學展現，那就會破壞這個心理遊戲。

與「獻殷勤的紳士」遊戲相關的心理遊戲

我們必須將作為心理遊戲的「獻殷勤的紳士」，與直接為了求愛的操作和程式區別，後者是不存在隱蔽動機的簡單溝通。

「獻殷勤」的女性版本可稱之為「諂媚」（Blarney），玩這個遊戲的通常是勇敢的愛爾蘭老婦人。

「獻殷勤的紳士」心理遊戲分析

目的：相互欣賞。

角色：詩人、心懷感激的被恭維對象。

社會層面的溝通：成人自我狀態－成人自我狀態

成人自我（男士）：「看，我能讓妳覺得這樣好。」

成人自我（女士）：「哎呀，你真的讓我感覺良好。」

心理層面的溝通：兒童自我狀態－兒童自我狀態

兒童自我（男士）：「看，我能創造出這麼棒的措辭。」

兒童自我（女士）：「哇，你真的很有創意。」

獲益：

（1）創造力以及從他人那裡確定自己的吸引力（內在心理獲益）。

（2）避免因為不必要的性示好而被拒絕（外在心理獲益）。

（3）「獻殷勤的紳士」（內在社交獲益）。

（4）這方面的獲益可以放棄（外在社交獲益）。

（5）相互安撫（生理獲益）。

（6）我可以優雅的生活（存在性獲益）。

Happy to Help

3.「樂於助人」遊戲：
儘管動機受到質疑，依然值得讚揚的心理遊戲

論述：帶著隱蔽動機的樂於助人行為

懷特總是樂於幫助別人，但是會帶著一些隱蔽的動機。他可能是在為自己過去不道德的行為懺悔，或為掩蓋現在的錯誤，也可能為了利用對方或為尋求聲望而結交朋友。但是任何質疑懷特動機的人，都會同時讚揚他的行為。畢竟，人們可以透過更邪惡來掩蓋過去的不道德，用恐懼而非慷慨來剝削他人，用不正當的手段而非積極的方法來尋求聲望。有些慈善家更在乎競爭而非實施善行：「我捐的錢（藝術品、土地）比你捐得多。」同樣的，哪怕懷特的動機受到質疑，他們也必須用具建設性的方式競爭而獲得讚揚，因為這個世界上有太多人是用破壞性的方式競爭。

大部分玩「樂於助人」的人，既結交到朋友，也招來了敵人，無論是朋友還是敵人都覺得自己有理。懷特的敵人會攻擊其動機並盡量無視其行為，而朋友會欣賞其行為並盡量無視其動機。因此，基本上不存在對該遊戲的「客觀」討論，自稱中立的人很快就會表現出他們是站在哪一方表示「中立」的。

這個心理遊戲作為一種利用性的操縱手段，是美國大部分「公共關係」的基礎。但是顧客卻樂於被這種心理遊戲照顧，而且它也許是最令人高興和最具建設性的商業遊戲。在另一個領域，該心理遊戲最應該受到譴責的形式是一種三人家庭遊戲——母親和父親競爭孩子的愛。但是即使是這樣也應該記住，選擇「樂於助人」就意味著還是能消除一些心理遊戲的負面意義，因為有太多人用不適當的方法來競爭孩子的愛，例如，「媽媽

的病比爸爸更嚴重」（所以你要更愛媽媽）或者「為什麼你更愛他？」

4.「平凡的智者」遊戲：實際上為人生腳本的心理遊戲

論述：不自命不凡、總是願意傾聽的人

確切來說，這是一個人生腳本而非心理遊戲，但是具有與心理遊戲類似的地方。一位受過良好教育且閱歷豐富的人，忙於自己的事業之餘盡可能學習各種知識。退休之後，他從原本身居要職的大城市搬到一個小鎮上。在那裡，人們很快知道有任何問題都可以去找他幫忙，從引擎故障到年邁的親戚有恙，如果他能解決就提供幫助，否則就介紹鎮上的人們可以尋求哪些專家幫忙。所以他很快確定了自己在新環境中的位置，那就是一名「平凡的智者」，不自命不凡、總是願意傾聽。那些不怕麻煩且已經找精神病學家審視過自己的動機，並在扮演這個角色之前學會規避相關錯誤的人，是該遊戲最好的玩家。

5.「他們會很高興認識了我」遊戲：
為了證明他人可以友好、尊重的對待自己

論述：影響其敵人或朋友才是主要的，而不是成功

這是「我會讓他們看到」遊戲（I'll Show Them）更具價值的變式。「我會讓他們看到」有兩種類型，在破壞性類型中，懷特透過損害他人來「讓他們看到」。因此他會透過操縱將自己置於高於他人的位置，這不是為了

聲望或物質獎勵，而是因為這樣的地位能為他帶來實施惡意的權力；而具建設性的類型中，懷特辛勤工作、盡一切努力獲得聲望，既不為了提高技藝或者獲得正當成就（雖然這些可能扮演次要的角色），也不會直接危害他的敵人，而是透過這樣的方式讓別人羨慕嫉妒他，或者深深後悔沒有更好的待他。

在「他們會很高興認識了我」遊戲中，懷特為了昔日同事的利益努力，而不是去對抗他們。懷特希望讓同事看到的是，他們完全可以友好和尊重的對待自己，並且懷特會向這些人證明，從他們自身的利益出發也值得這麼做。為了安全贏得這場遊戲，懷特的方法必須像其結局一樣都是值得尊敬的，這恰好是該心理遊戲比「我會讓他們看到」遊戲更優越的地方。「我會讓他們看到」和「他們會很高興認識了我」都有可能只是成功的次要獲益，而不是心理遊戲本身。當懷特更感興趣的是影響其敵人或朋友而非成功本身時，它們就變成了心理遊戲。

Part 3

超越心理遊戲

Beyond Games

GAMES PEOPLE
PLAY

第 13 章

人類社會中，心理遊戲
的四大特殊意義

The Significance of Games

在歷史、文化、社交與個人上，

心理遊戲具有不同的特殊意義，且影響著整個社會運行

心 理遊戲的特殊意義有以下幾個層面：

1. 歷史意義：代代相傳、難以擺脫的心理遊戲

一個人最愛玩的心理遊戲，可以追溯到他的父母和祖父母，並且能傳遞給他的孩子；除非成功干預，否則他的孩子又會將這些心理遊戲教給下一代。因此，**心理遊戲分析要考慮到歷史大背景，確切來說，要往前追溯一百年，往後預測至少五十年**。如果打斷這條延續了至少五代的歷史鏈條，將會帶來明顯的進步。如今有很多生者，其子孫後代不少於兩百人。心理遊戲在代代相傳的過程中可以稀釋或改變，但是即使同一個家庭的後代所玩的心理遊戲不再是同種類，其心理遊戲之間也往往有很強的內在連

結，這就是心理遊戲的「歷史意義」。

2. 文化意義：「撫養」基本上就是教孩子玩不同的心理遊戲

不同的文化與不同的社會階層喜歡不同類型的心理遊戲，同一個文化中，不同宗族或家族所喜歡的是這些心理遊戲的不同變式。這就是心理遊戲的「文化意義」。

3. 社交意義：「心理遊戲」被夾在消遣和親密之間，逃離無聊又避免親密

消遣因為不斷重複而變得無聊，就像連續參加促銷雞尾酒會一樣。親密需要人們嚴謹面對，而且會被父母自我狀態、成人自我狀態和兒童自我狀態反對。除非是在非常隱私的場合，否則社會並不贊成人們坦誠相待；理智也會告訴我們坦率總是容易受人欺辱；而兒童自我則因為害怕面具被揭露而逃避親密。因此，為了逃離消遣所帶來的無聊，同時又不將自己暴露在親密的危險之中，大部分人會在條件允許的情況下折衷選擇心理遊戲，所以社交中更有意思的時光，大部分是被心理遊戲所占據。這就是心理遊戲的「社交意義」。

4. 個人意義：人們會選擇和玩相同心理遊戲的人作朋友、同事和知己

因此，一個特定的社交圈中（上層社會、青少年團夥、社交俱樂部、大學校園等）成員的言行方式，和另一個不同社交圈子成員的言行方式很不一樣。相反的，一個社交圈的成員如果改變了他的心理遊戲，就很容易被這個圈子排擠，但是又會被另一個社交圈歡迎。這就是心理遊戲的「個人意義」❶。

---

❶ 讀者現在應該明白了數學遊戲分析和溝通心理遊戲分析之間的根本差異。數學遊戲分析假定玩家是完全理性的，而溝通心理遊戲分析所處理的，是不理性甚至非理性的遊戲，所以更真實。

第 14 章

如何面對兩類最堅定的
心理遊戲玩家

The Players

「生氣的人」與「蠢人」，

是最頑固的心理遊戲玩家

最頑固的玩家當中，有很多具有心理困擾；一般來說，困擾程度愈高，玩心理遊戲的程度愈嚴重。

但是奇怪的是，某些思覺失調個案似乎拒絕玩心理遊戲，並且從一開始就要求坦率對待。在日常生活中，有兩類人最堅定的玩心理遊戲，一種是「生氣的人」（Sulk），另一種是「蠢人」（Jerk）或「古板的人」（Square）。

1.面對「生氣的人」，要保全他的面子，同時換回他的生氣特權

「生氣的人」是對母親生氣的男人。根據調查，這種人從很小開始就

對母親生氣。他通常都有很好的「兒童自我」理由來生氣：母親可能在他童年的關鍵時期因生病住院或者生了太多弟弟妹妹從而「拋棄」了他。有時候，母親拋棄他含有更多故意成分——她可能為了再婚而把孩子寄養在他人家中。無論是哪種情況，從那時候開始，他便心懷怨恨。這種人不喜歡女性，哪怕他可能是唐璜（Don Juan）❶式的花花公子。由於他從一開始就是有意生氣，所以這個決定在他生命的任何時間都可以停止，就像小孩子到了吃飯時間就不再生氣。

要使已成年的「生氣的人」不再生氣，需要的條件和他小時候所需的一樣：要能保全他的面子，而且必須給他一些值得換回其生氣特權的東西。有時候，當個案不再生氣後，一個本來會持續多年的「精神病學」遊戲，就有可能因此停止。不過這需要個案仔細準備，也需要合適的時機和方法。

威嚇或採用其他愚笨的方法來應對生氣的小男孩都不會有好結果，同樣的，治療師愚笨或威嚇的行為，也無法幫助個案停止生氣；從長遠來看，個案會報復治療師的處理不當，就像小男孩最終會報復其粗暴的父母一樣。

對於「生氣的」女性，如果她們是對父親生氣的話，情況與上述相同，只是細節稍有變化。男性治療師需要更策略性的處理她們的「義肢」遊戲（「對於有這種父親的女人，你還能希望她怎麼樣呢？」），否則治療師就有可能會被個案當作「像父親一樣的人」並有被扔進垃圾桶的危險。

---

❶ 譯注：西班牙家傳戶曉的傳說人物，英俊瀟灑又風流，周旋於無數貴族婦女之間。

2. 每個人都有一點「蠢人」的影子，但必須運用心理遊戲 分析維持在最小值

　　每個人內心都有一點「蠢人」的影子，但是心理遊戲分析的目的，在於讓它維持在最小值。「蠢人」對父母自我的影響過於敏感，因此其成人自我的資料處理和兒童自我的自發性，都有可能在關鍵時刻被干擾，從而產生不適宜或笨拙的行為。在極端情況下「蠢人」會與諂媚、炫耀或依賴行為互相結合。

　　不要將「蠢人」和混亂的思覺失調個案混淆，後者沒有正常運作的父母自我且成人自我功能也微乎其微，所以只能在一種混亂的兒童自我狀態之中應付周遭世界。

　　有趣的是，「蠢人」一詞通常只作為男性的綽號，在極少數情況下也用於充滿男子氣的女性。「古板的人」要比「蠢人」更刻板守舊，在英語中，它通常用來形容女性，偶爾也會用在充滿女子氣的男性身上。

第 15 章

分析心理遊戲經典案例，了解眞實且健康的溝通方式

A Paradigm

雙方都處於「成人自我狀態」，

無蠢人、心理遊戲的溝通模式

1. 什麼才是坦率、無心理遊戲的溝通模式？

請看以下「個案」（P）和「治療師」（T）之間的互動：

P：「我有一個新的目標，就是『準時』。」

T：「我會配合妳的。」

P：「我這樣做❶不是為了你，是我自己想這麼做的……你猜這次歷史
考試我考了幾分？」

T：「乙上。」

P：「你怎麼知道？」

---

❶ 譯注：也就是不再出現約定好治療時間，卻還是遲到的情況。

T：「因為妳害怕拿『甲』。」

P：「對，我本來可以拿『甲』，但是我檢查了一遍自己的考卷，把三個正確答案改成了錯的。」

T：「我喜歡這樣的談話。完全沒有『蠢人』（Jerk）❷的影子。」

P：「你知道，昨天晚上我也在想自己的改善程度到底有多大。我覺得自己只剩下17%的『蠢人』了。」

T：「很好，到現在為止，它完全沒有出現，所以妳在下一次會談中可以享受34%的折扣。」❸

P：「一切是從六個月前開始的，當時我正看著我的咖啡壺，這是我第一次真實的看著它。你知道我現在有什麼感受，我是怎麼聽到鳥兒鳴唱，看到人們以他們真實的樣子出現在那裡，而且最棒的是，我也真真切切的在那裡。不僅僅是在那裡，此時此刻我也真實的存在這裡。不久前的某一天，我在畫廊裡欣賞一幅畫，這時候一個男人走過來說：『高更❹非常棒，不是嗎？』然後我說：『我也喜歡你。』接著我們便一起去喝一杯，他是個很不錯的人。」

2.什麼樣的溝通，才是擁有自主性的成人自我對話？

上述呈現的，是兩個擁有自主性成人自我之間進行的無「蠢人」也無

---

❷ 譯注：請參考第14章對「蠢人」的解釋。

❸ 譯注：治療師的意思是，個案一次會談中可出現17%的「蠢人」部分，這一次他完全沒有出現，所以下一次他可以額外增加17%，所以總共可以接受34%的「蠢人」出現。

❹ 譯注：保羅‧高更（Paul Gauguin），法國後印象派畫家。

心理遊戲的對話，我對這段談話的注解如下：

【注解1】「我有一個新的目標，就是『準時』。」個案是在既成事實以後才作此宣告。她以前幾乎總是遲到，但是這一次準時抵達。如果對個案而言，準時還只是一種決心、一種體現「意志力」的行為、一種父母自我強壓給兒童自我的要求，那麼個案一定會食言，而且是在未成事實之前便宣告天下：「這是我最後一次遲到。」這樣的宣告是在試圖開始一個心理遊戲。但是，現在個案的陳述不是如此，它是來自成人自我的決定，一個目標，而非一種決心。個案會持續準時抵達。

【注解2】「我會配合妳的。」這句話不是為了「支持」個案，也不是「我只是想幫你」遊戲的起始步驟。個案的會談時間是在治療師的下午茶時間之後。由於她慣性遲到，治療師也養成了拖拖拉拉的下午茶時間，讓自己也比較晚回到諮商室。當個案宣告要準時之後，治療師明白個案是認真的，因此也做出了自己的宣告。這一回合的溝通是雙方在成人自我狀態之中所定下的合約，而不是兒童自我試探父母自我式人物，而後者感到被迫要做一個「好爸爸」才說他會配合。

【注解3】「我這樣做不是為了你。」強調了個案表示準時抵達是一個決定，而不是用來引發「假性順從」（pseudo-compliant game）遊戲的方法。

【注解4】「你猜這次歷史考試我考了幾分？」是一種消遣，雙方對此心知肚明並且樂在其中。治療師並不需要透過告訴個案

這是一個消遣，來展示自己的洞察力，因為個案已經知道
這是消遣；個案也無須因為這是消遣，而克制自己不去玩
它。

【注解5】「乙上。」治療師評估，就她的情況而言，這是唯一可能
的得到的成績，治療師也沒有理由不說出自己的猜測。虛
偽的謙虛或害怕犯錯，才會讓治療師假裝自己不知道。

【注解6】「你怎麼知道？」這是一種成人自我的詢問，而非「天啊
你真棒」遊戲，所以值得治療師對此作出恰當的回答。

【注解7】「對，我本來可以拿『甲』。」這是真實的測試，個案並
沒有用合理化或找藉口來生氣，而是如實面對她的兒童自
我。

【注解8】「我喜歡這樣的談話。」這一句和接下來半開玩笑的評
論，是成熟的成人自我出於尊重的表達，也許還有一點
「父母自我－兒童自我」的消遣在其中，治療師和個案同
樣都知道這一點，也能自由選擇是否繼續這個消遣。

【注解9】「這是我第一次真實的看著它。」個案此時能夠運用自己
的覺察而不再是被迫按照父母要求的方式去看咖啡壺和身
邊的人們。

【注解10】「此時此刻我也真實的存在這裡。」她不再生活在過去
或者未來，但是如果討論對過去與未來有益的話，她也
能簡短的討論。

【注解11】「我說：『我也喜歡你。』」她不願意浪費時間和新認
識的人玩「畫廊」遊戲（Art Gallery），儘管她願意的話，
也能這麼做。

對治療師來說，他並沒有感覺要被迫玩「精神病學」遊戲。在會談中他有很多機會提出有關防禦、移情等問題，並解釋其象徵性意義，但是治療師選擇順其自然且不帶焦慮情緒的回應。不過，了解一下個案在考試中刪去了哪些答案還是很有意義的，可惜在這次會談的剩餘時間裡，個案剩餘的17%「蠢人」和治療師剩餘的18%「蠢人」依然時不時出現。總而言之，以上會談的整個過程是一個帶有些許消遣的活動。

第16章

覺察、自發與親密，才具有眞正的自主性

Autonomy

―――――――――――――――― ❦ ――――――――――――――――

釋放或恢復覺察、自發性和親密能力，

才能獲得真實人生所需的自主性

―――――――――――――――― ❦ ――――――――――――――――

獲得自主性是以釋放或恢復三種能力所表現出來，這三種能力是：覺察、自發性和親密。

1. 覺察：用自己的方式，而不是他人所教的方式來看世界

「覺察」（Awareness）意味著能夠以自己的方式來看咖啡壺和聆聽鳥兒歌唱，而不是按照他人所教的方式。我們有充分的理由相信，嬰兒在看與聽方面和成年人具有本質上的差異[1]，在生命最初幾年，嬰兒的看與聽擁有更多美感而更少理智成分。當小男孩為了看見鳥兒的身影和聽見牠們歌唱而滿心歡喜時，他的「好父親」走了過來，自以為應該「分享」自己的經驗來幫助兒子「成長」，於是說：「這是松鴉，那是麻雀。」當小男

孩關心哪一隻是松鴉、哪一隻是麻雀的時候，就無法真正看見這些鳥兒或聆聽牠們鳴唱了，不得不按照父親希望的方式來看與聽。父親總是有很好的理由這樣做，因為幾乎沒有人一生都可以這樣聆聽鳥鳴，所以對小男孩的「教育」愈早愈好。也許小男孩長大後會成為一名鳥類學家，但是有些人能夠繼續以兒時的方式來看與聽，但是大部分的人已經失去了當畫家、詩人或音樂家的能力，即使他們有這種能力也無法選擇直接去看和聽，只能獲得間接的感知。在這裡，我們將恢復兒時這種感知方式稱為「覺察」。生理上的覺察是一種異常清晰的感知，並常與鮮明清晰的意象連結在一起[2]。也許在味覺、嗅覺和運動知覺方面，至少還有某些人保有這種清晰的感知，從而成為這些領域的藝術家──廚師、香水師和舞蹈家，他們始終都在面臨一個問題，那就是找到能夠欣賞其作品的觀眾。

覺察需要人活在此時此地，而非他處、過去或未來。在美國人的生活中，對此最好的範例就是早上匆忙駕車去上班。決定一個人是否在覺察的關鍵性問題是：「當身在此處時，你的心在哪裡？」常見的情況有三種：

【情況1】對於把準時到達當作首要任務的人而言，他們的心離身體最遠。人在車裡，心卻飛到了辦公室。他完全忽略當下四周的環境，除非路況阻礙了他趕路。這種人就是「蠢人」，他們最擔心的是老闆會怎麼看待自己。如果他遲到了，會竭盡全力趕到辦公室、累得氣喘吁吁。在他們心中，占主導地位的是順從型兒童自我，其心理遊戲是「看，我已經努力試過了」。他在開車的時候幾乎失去了自主性，身體雖活著，但心在本質上卻幾近死亡，可能是最容易患高血壓或冠狀動脈疾病的情況。

【情況2】另一方面，「生氣的人」不太會擔心自己是否準時達到，

他將更多心思用在為遲到找理由。車禍、號誌有問題、其他人亂開車，都是好藉口，而且他還暗自歡迎發生這些事情，以促成其叛逆型兒童自我或正義型父母自我的「看，他們都逼我做了什麼」遊戲（Look What They Make Me Do）。除了其心理遊戲所需的事情外，其他周遭事物都被他忽略了，因此他只有一半活著——身體在車裡，心卻在外面挑毛病和搜尋不公正之事。

【情況3】不太常見的是「天生的駕駛者」，對他而言，開車是一門令人愉快的科學與藝術。當他敏捷熟練的駕車穿行在車流之中時，他與車完全合為一體。他也會忽略四周，除非周遭環境能為他提供發揮技能的空間，但是他對自己以及所操縱的機器有非常好的覺察，在這個範圍內他是活著的。這種駕駛在形式上是一種成人自我的消遣，他的兒童自我和父母自我也能從中獲得滿足。

【情況4】第四種情況就是覺察者，他不會匆匆忙忙，因為他活在此時此地：天空、綠樹，以及對活動的感覺。匆忙就意味著忽視環境，只關注尚未出現於當前視野中的事物，或僅僅注意障礙物，或只關注自己。一位華人在美國準備搭乘地鐵出行，他的一位白人同伴則說搭乘城市快車的話可以節省二十分鐘，於是他們轉乘了快車。當他們在中央公園下車後，華人坐到公園的長凳上，這讓他的朋友相當詫異。「你看」，華人解釋，「既然我們節省了二十分鐘，我們就可以用這段時間坐下來享受周遭的一切。」

覺察者是完全活著的，因為他知道自己的感受，也知道自

己身處何方而現在又是何時。他知道自己死後這些樹依然長存於此，但是那時他已無法置身此處再次欣賞它們，所以他想要現在就好好欣賞，盡可能留下深刻的印象。

2. 自發性：從混合感受中自由表達自己的感受

「自發性」（Spontaneity）意味著選擇，能夠從混合的感受中（父母自我的感受、成人自我的感受和兒童自我的感受）自由選擇和表達自己的感受。這也意味著解放，從強迫性玩心理遊戲以及只能感受別人教給他的感受中解放出來。

3. 親密：自發且不含心理遊戲的坦率

「親密」（Intimacy）意味著覺察中的人，自發且不暗含心理遊戲的坦率，得以解放異常鮮明的感知，讓未受汙染的兒童自我帶著所有的純真，生活在此時此地。實驗表示[3]，異常鮮明的感知可以喚起感情，坦率能激起積極的感受，所以甚至還有所謂的「單方親密」（one-sided intimacy）——雖然這個名字較為生僻，但是其現象廣為人知，那就是職業愛情騙子能夠在不捲入自身情感的情況下，擄獲他人的心。他們的做法是鼓勵對方直視自己的眼睛和無拘無束的交談，然而自己卻小心防範、假裝給予對方相同的回應。

因為親密在本質上是自然型兒童自我狀態的功能（儘管其複雜的表達形

式混和了心理層面和社會層面溝通），所以如果沒有受到心理遊戲干擾，親密將帶來良好的結果。通常情況下是由於兒童自我適應了父母自我影響而破壞了親密，且最不幸的地方在於，這幾乎是一種普遍現象。但是，在受到汙染之前，或者說除非受到汙染，否則大部分嬰兒都具有愛的能力[4]，實驗證明，這便是親密的本質特徵。

第 **17** 章

如何獲得自主性

The Attainment of Autonomy

※

與「父母自我狀態」友好的分開，

獲得更自主的人生道路

※

1. 父母教導，會深深影響孩子如何做、想、感受、感知

父母親從孩子出生開始，就會有意無意的教導他們如何做、想、感受
和感知。想擺脫這些影響並非易事，因為它們早已根深柢固，並且對孩子
在其前二、三十年的生理生存和社會生存而言至關重要。事實上，**只有當
個體開始進入一種自主狀態，也就是「能夠覺察、自發和親密」，並且能
夠判斷父母的教導中哪些是可以接受的，此時孩子才有可能擺脫這些影
響。**

在生命早期的某些特定時刻，孩子決定了要如何適應父母的影響。因
為他的適應在本質上是一系列可以取消的決定，所以在適當的環境下，這
些決定是可以扭轉的。因此，想要獲得自主性就必須摒棄在第 13、14 和
15 章所討論、不同於自主性的所有行為。而且這段努力永遠不會結束：我
們必須一直退回老路去鬥爭。

2. 當我們不再受到「父母自我」的支配，就能獲得自主性

　　首先，如第13章所言，必須承受整個種族或家庭歷史傳統所帶來的壓力，就像瑪格麗特‧米德（Magaret Mead）❶所研究的新幾內亞村民 [1]；然後，必須拋棄個體的父母、社會以及文化背景所施加的影響，也應該拋棄整個當代社會的要求。最後，個體從親密社交圈中所得到的獲益，也應該部分或全部捨棄。接下來，必須避免放縱於第14章所描述的「生氣的人」或「蠢人」行為，並放棄從中得來的結果。

　　在此之後，個體必須實現個人及社會控制，這樣在附錄1中所描述的所有行為（除了夢之外）便成為僅出於其個人意願的自由選擇對象。這樣他才準備好參與不含心理遊戲的人際交往，正如第15章案例所示範。到了那個時候，個體便能夠發展自主性。**本質上，實現自主性的整個過程就是與父母（以及其他「父母自我」形式的影響）友好的分開，這樣我們可以偶爾欣然探訪他們，但不再受他們的支配。**

---

❶　譯注：美國人類學家。

第18章

了解心理遊戲之後，我們可以怎麼做？

After Games, What?

⊷

覺察與自發性，

改變人類命運圖景的重要關鍵

⊷

本書第一部分和第二部分所呈現的是一幅慘澹的人生景象，人的一生就是在死亡或聖誕老人到來之前填補時間的過程，幾乎別無選擇，即使有，也不過是一個人準備透過漫長等待交易一些事物。這幅人生命運的圖景雖普遍，但絕非最終答案。

對於某些幸運的人而言，的確有些東西可超越所有類型的行為，那就是「覺察」；有些東西可以不受過去程式化的影響，那就是「自發性」；有些東西能比心理遊戲獲得更多回報，那就是「親密」。

但是對於沒有準備好的人來說，這三種東西令人恐懼甚至充滿危險。也許他們最好不要去追尋這些，而是以最為普遍的方法來解決這個難題，例如採取像「團結」這類的社會行為。

這也許意味著整體人類社會無法擺脫這個既定的人生圖景，但是對個體而言，希望依舊存在。

人在任何時刻，必然會進行下述行為分類中一種或多種行為：

【類別1】內在程式化（原初精神的）行為

內在行為（Autistic behavior）

順序：

（a）夢

（b）幻想，包括：

    i. 對外幻想（願望滿足）

    ii. 內在溝通，非適應性的

    iii. 內在溝通，適應性的（帶有新近精神的程式化）

（c）解離狀態

（d）妄想行為（Delusional behaviour）

（e）不隨意行為，包括：

    i. 抽搐（Tics）

    ii. 怪癖

    iii. 動作倒錯

（f）其他

【類別2】可能性程式化（新近精神的）行為

現實檢驗行為（Reality-tested behaviour）

順序：

（a）活動，包括：

    i. 職業活動、貿易等

    ii. 體育運動、愛好等

（b）程式，包括：

    i. 資料處理

    ii. 技術

（c）其他

【類別3】社會程式化（部分外來精神的）行為

社交行為（Social behaviour）

順序：

（a）儀式和典禮

（b）消遣

（c）操作和操縱

（d）心理遊戲

亞型：

A. 職業遊戲（三角溝通）

B. 社交遊戲（雙重溝通）

（e）親密

在這種分類系統中，本書前面討論的社交遊戲可用以下方式表示：

【行為類別3】：社會程式化行為；順序：（d）遊戲；亞型：B.社交遊戲。

最後一行的「親密」是最後一個類別，並且是無心理遊戲生活的一部分。

讀者可以盡量批評以上分類（但是請不要嘲弄或譏諷）。在這裡列出這個分類並非出於作者的偏愛，而是因為它比目前所用的其他分類系統更有效、現實和實用，對於那些喜歡或需要分類的人來說，這種分類也更有幫助。

下列遊戲與消遣按照英文首字母排列，並在後方以（G）代表「心理遊戲」以及（P）代表「消遣」。

Addict (G) 毒品成癮者（105頁）

Ain't It Awful (G) 這難道不夠糟嗎（96、116、117、147、152頁）

Alcoholic (G) 酒鬼（93、102、159、180頁）

All Great Men Were (P) 所有的好男人都……（168頁）

Archeology (G) 考古學（206頁）

Art Gallery (G) 畫廊（233頁）

Asthma (G) 哮喘（128頁）

Auditors & Robbers (G) 審計師和強盜（181頁）

Aw Shucks Fellows (P) 哦，朋友們，哪有這回事（72頁）

Badger Game (G) 美人計遊戲（117、171、187頁）

Balance Sheet (P) 財務狀況（71、79頁）

Bar Stool (P) 酒吧高腳凳上（149頁）

Beat Me Daddy (G) 爸爸打我吧（135頁）

Big Store (G) 大商店（186頁）

Blarney (G) 諂媚（217頁）

Blemish (G) 瑕疵（137、151頁）

Broken Skin (P) 破皮（148頁）

Bum Rap (G) 判決不公（186頁）

Busman's Holiday (G) 照常工作的假日（215頁）

Buzz Off Buster (G) 滾開，混蛋（169、217頁）

Casting Couch (G) 潛規則（172頁）

Cavalier (G) 獻殷勤的紳士（215頁）

Clinic (G) 門診（199頁）

Clown (P) 小丑（208頁）

Coffee Break (P) 下午茶時間（149頁）

參考書目

前言

1 Berne, E. *Transactional Analysis in Psychotherapy*, Evergreen, 1961.
2 Luce, R. D., and Raiffa, H., Games & Decisions, Champman & Hall,, 1957.

導讀

1 Berne, E., *Transactional Analysis in Psychotherapy*, Evergreen, 1961.
2 Spitz, R., 'Hospitalism: Genesis of Psychiatric Conditions in Early Childhood', *Psychoanalytic Study of the Child*, 1: 53-74, 1945.
3 Belbenoit, Rene, *Dry Guillotine*, Gape, 1938.
4 Seaton, G. J., *Scars on my Passport*, Hutchinson, 1951.
5 Kinkead, E., *Why they Collaborated*, Longmans, 1960.
6 French, J. D., 'The Reticular Formation', *Scientific American*, 196: 54-60, May 1957.
7 本書所使用的口語化表達，是在舊金山社會精神病學研討會（San Francisco Social Psychiatry Seminars）中發展而來。
8 Levine, S., 'Stimulation in infancy', *Scientific American*, 202: 80-86, May 1960.
   Levine, S., 'Infantile Experience and Resistance to Physiological Stress', *Science*, 126: 405, 30 August 1957.
9 Huizinga, J., *Homo Ludens*, Routledge, 1949.
10 Kierkegaard, S., *A Kierkegaard Anthology* (ed. R. Bretall), Princeton University Press, 1947, pp. 22ff.
11 Freud, S., 'General Remarks on Hysterical Attacks', Standard Edn, n, Hogarth Press, London, 1955.
   Freud, S., 'Analysis of a Case of Hysteria', ibid., VI, 1953.
12 Berne, E., *The Structure and Dynamics of Organizations and Groups*, Pitman Medical, 1963.

第1章

1 Penfield, W., 'Memory Mechanisms', *Archives of Neurology & Psychiatry*, 67: 178-198, 1952.
2 Penfield, W., and Jasper, H., *Epilepsy and the Functional Anatomy of the Human Brain*, Churchill, 1954, Chapter 11.
3 Berne, E., 'The Psychodynamics of Intuition', *Psychiatric Quarterly*, 36: 294-300, 1962.

第5章

1 Maurer, D.W., *The Big Con*, The Bobbs-Merrill Co., New York, 1940.
2 Potter, S., *Theory and Practice of Gamesmanship*, Rupert Hart-Davis, 1947.
3 Mead, G. H., *Mind, Self and Society*, Cambridge University Press, 1935.
4 Szasz, T., *The Myth of Mental Illness*, Secker & Warburg, 1961.
5 Berne, E., *The Structure and Dynamics of Organizations and Groups*, Pitman Medical, 1963.

36個常見的心理遊戲

1   Berne, E., 'Intuition IV: Primal Images & Primal Judgments', Psychiatric Quarterly, 29: 634-658, 1955.

第6章

1 Berne, E., *A Layman's Guide to Psychiatry & Psychoanalysis*, Simon & Schuster, New York, 1957, p. 191.
2 Mead, M. *Growing Up in New Guinea*. Morrow, New York, 1951.

第7章

1　Bateson, G., et al., 'Toward a Theory of Schizophrenia', *Behavioral Science*, 1: 251-264, 1956.

第8章

1　von Chamisso, Adelbert, *Peter Schlemiel*, Calder, 1957.

2　這位19世紀的劇作家和小說家最著名的作品之一是《好脾氣的人》（*A Good-Natured Fellow*），主角因為好脾氣而放棄了很多東西。

第10章

1　Frederick Wiseman在 'Psychiatry and the Law: Use and Abuse of Psychiatry in a Murder Case'（*American Journal of Psychiatry*, 118: 289-299, 1961）中報告了一例嚴重而悲劇性的「員警和強盜」遊戲案例。23歲的男人開槍射殺其未婚妻後自首，而直到他反復四次自首後，員警才相信他的故事。之後這個男人說：「對我來說，我注定要死在電椅上。如果這是必然，那就應該這樣實現。」作者稱外行的陪審團無法理解審訊這個案例時所使用的複雜精神病學術語。但是若用心理遊戲分析的術語，我們可以用非常簡單的詞彙概括這個案例的核心問題：一個9歲男孩認定自己一定會在電椅上結束生命（其原因在審訊中已經清楚呈現）。接下來他花了一生的時間朝這個目標前進，並且以他的女朋友為目標物，結果成功將自己送上電椅。

2　想要更了解「員警和強盜」遊戲以及囚犯所玩的心理遊戲，請參考：Ernst, F. H., and Keating, W. C., 'Psychiatric Treatment of the California Felon', *American Journal of Psychiatry*, 120: 974-979, 1964.

第11章

1　Berne, E., 'The Cultural Problem: Psychopathology in Tahiti', *American Journal of Psychiatry*, 116: 1076-1081, 1960.

第16章

1　Berne, E., 'Intuition IV: Primal Images & Primal Judgments', *Psychiatric Quarterl*y, 29: 634-658, 1955.

2　Jaensch, E. R., *Eidetic Imagery*, Harcourt, Brace, New York, 1930.

3　舊金山社會精神病學研討會所做的這些實驗仍處於初步研究階段。使用溝通分析展開有效實驗需要特殊的訓練和經驗，就像使用「層析法」（chromatography）或「紅外線光譜」（infra-red spectrophotometry）進行實驗一樣。區分心理遊戲和消遣並不像區分恆星與行星那樣容易。詳見：Berne, E., 'The Intimacy Experiment', *Transactional Analysis Bulletin*, 3: 113,1964; 'More About Intimacy' ibid., 3: 125, 1964.

4　有些嬰兒在非常早期就遭受疾病或飢餓之苦（消瘦，有些出現腹絞痛）從而沒有機會來練習這個能力。

第17章

1　Mead, M., *New Lives for Old*, Gollancz, 1956.

在這個被焦慮、迷茫、孤獨所包圍的時刻，「正常」與「不正常」之間的距離，究竟該如何判斷？

卡倫・荷妮————著

「焦慮」是這個時代的社會病：渴求愛的焦慮、追求權力與財富的焦慮、面對競爭的焦慮、人際關係的焦慮、害怕被討厭的焦慮……當我們理解自己的焦慮帶來的痛苦循環，才能真正尋回自我。

新佛洛伊德學派代表人物、社會心理學先驅————卡倫・荷妮在書中犀利、深刻的讓我們理解「焦慮」的源頭————看見文化與社會對精神疾病的定義與影響、剖析了現代人經歷的內心衝突、修正了佛洛伊德過於強調「性」在精神疾病中的地位，深深的影響我們對於精神疾病的認知與判斷。讓我們從理解精神疾病開始，邁向療癒的第一步。

專業人士感動推薦

丁郁芙（臨床心理師）、洪仲清（臨床心理師）、胡展誥（諮商心理師）、
翁士恆（東華大學諮商與臨床心理學系助理教授）、劉仲彬（臨床心理師）、
蘇益賢（臨床心理師）、賴芳玉（律州聯合法律事務所主持律師）

療癒童年的傷，不再孤單
停止複製原生家庭的魔咒，
結束世代之間的創傷

留佩萱────著　　　　　　琳賽·吉普森────著

美國知名心理學家琳賽·吉普森、美國國家認證諮商師留佩萱，帶我們一起看見童年的創傷如何影響我們的人生以及心理健康。

家暴、童年性侵、父母離婚、長期忽視⋯⋯童年的傷痛包圍著我們，就算長大，仍無法擺脫，只是換了另一個形式：沮喪、焦慮、長期緊張、壓力、睡不著等失控的感覺折磨我們。這些身心症狀像是一套警報系統，提醒我們必須誠實面對自己的感受、了解童年帶來的苦痛，從認識開始，清創隱藏在心裡的傷口、邁向健康的人生道路。

「或許原著劇本不盡人意，因為編劇父母不願寫入情感戲。忽視心理需求像無形的刀劍，在匱乏的情感下成長，內心滿是傷痕，心痛無人知曉。但現在你可以拿起這本書，重新改編屬於自己的人生劇本，擁有所期待的結局。」──**王意中**（心理治療所 所長／臨床心理師）

「一個壓抑、封閉情感的家庭，親子關係的情感疏離，影響的是一生與他人情感連結的能力。在內心深處也始終難以擺脫『孤兒』感受，不知道究竟自己歸屬於何？自己又與誰有所關係？如果這是你的處境，相信這一本書是你需要的。」──**蘇絢慧**（諮商心理師／心理叢書作家）

「童年時期遭受越多創傷的人，在成年時期會有越高的機率承受各種身體和心理健康問題。而各種童年逆境中，有一種看不見傷口的傷害，就是擁有『情感缺失』的父母。無法回應你的情緒需求，常常以自我為中心，以滿足自己的需要和感覺為主，如果你認為你的父母符合情感缺失描述，《假性孤兒》就是一個幫助你了解和復原的好工具。」──**留佩萱**（美國執業心理諮商師）

讓孩子了解情緒，
增進情感表達、提升人際關係能力
家長、老師、心理諮商師
「引導孩子情緒理解」必備收藏

蘇珊娜・伊瑟恩————著
莫妮卡・卡雷特羅————繪

高興、悲傷、生氣、害怕、嫉妒、吃醋、驚訝、噁心、尷尬和愛……每個人都有這些情緒，關鍵是如何掌控自己的情緒力！

今天的森林村似乎不太平靜，又發生「情緒案件」了！原本開朗的咕咕雞夫人突然情緒低落，甚至完全不想出門！於是，知名的情緒專家——鱷魚偵探來幫助咕咕雞夫人，讓她找回平靜、快樂的心情。

書中運用主角鱷魚偵探遇見各種情緒案件，結合孩子生活上的相關情景，以淺顯易懂方式、豐富有趣的圖畫讓孩子產生共鳴。同時將常見的10大情緒化身為10個可愛情緒小精靈，提供各式各樣的方法，跟孩子一同面對不同的情緒、理解情緒的成因、學會辨別不同的情緒，並且懂得如何「調節我們的情緒」。

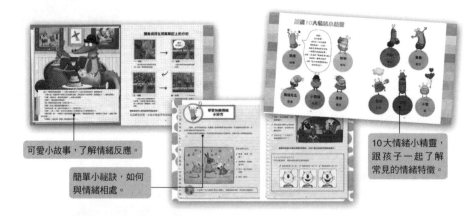

可愛小故事，了解情緒反應。

簡單小祕訣，如何與情緒相處。

10大情緒小精靈，跟孩子一起了解常見的情緒特徵。

專業人士、親子顧問熱烈推薦

大樹老師（到府育兒顧問）、**五寶媽**（親子部落客）、**成虹飛**（清華大學華德福教育中心主任）、**何翩翩**（資深蒙特梭利幼兒園園長）、**李崇建**（親子作家）、**李裕光**（國際蒙特梭利小學副校長）、**阿鎧老師**（知名兒童職能治療師）、**周慕姿**（心曦心理諮商所所長）、**洪仲清**（臨床心理師）、**胡展誥**（諮商心理師）、**胡嘉琪**（美國心理師、華人創傷知情推廣團隊召集人）、**留佩萱**（美國執業心理諮商師）、**張美蘭**（小熊媽，教養／繪本作家）、**彭菊仙**（親子作家）、**黃瑽寧**（馬偕兒童醫院主治醫師）、**溫美玉**（南大附小教師、全台最大教學社群創辦人）、**趙介亭**（綠豆粉圓爸，可能教育創辦人）